中華古籍保護計劃

ZHONG HUA GU JI BAO HU JI HUA CHENG GUO

·成 果·

三明學院圖書館古籍普查登記圖目

三明學院圖書館 編

國家圖書館出版社

圖書在版編目（ＣＩＰ）數據

三明學院圖書館古籍普查登記圖目 / 三明學院
圖書館編． -- 北京：國家圖書館出版社，2016.12
ISBN 978-7-5013-5992-9

I. ①三… Ⅱ. ①三… Ⅲ. ①院校圖書館—古籍—圖書館
目録—三明 Ⅳ. ①Z838

中國版本圖書館CIP數據核字（2016）第283963號

書　　名	三明學院圖書館古籍普查登記圖目	
著　　者	三明學院圖書館　編	
責任編輯	南江濤	

出　　版　國家圖書館出版社（100034 北京市西城區文津街7號）
　　　　　　（原書目文獻出版社　北京圖書館出版社）

發　　行　（010）66114536　66126153　66151313　66175620

　　　　　　66121706（傳真）　66126156（門市部）

E－mail　nlcpress@nlc.cn（郵購）

Website　www.nlcpress.com→投稿中心

經　　銷　新華書店

印　　裝　北京金康利印刷有限公司

版　　次　2016年12月第1版　2016年12月第1次印刷

開　　本　889×1194毫米　1/16

印　　張　14.5

字　　數　100千字

書　　號　ISBN 978-7-5013-5992-9

定　　價　240.00圓

記得幾年前，我到三明學院圖書館交流講座。在一個非常偶然的機會，看到了該館的一個藏書間存放了一堆破損頗爲嚴重的古籍綫裝書。隨手抽出幾册，竟然發現鈐有"全閩師範學堂"與"致用書院"等藏書章。驚喜之餘，我纔逐步瞭解到了該館的遞藏源流及其軌跡。

清同治十二年(1873)，閩巡撫王凱泰以閩都缺少專門研究經史的書院，遂參照浙江詁經精舍、廣東學海堂的規制，在福州西湖旁重新修葺舊西湖書院爲"致用堂"，並建"十三本梅花書屋"。同治十三年(1874)，取"學以致用"和"通經致用"之義，改稱"致用書院"，專習經史、古文，延聘林壽圖爲首任山長。

清光緒二十九年（1903），謫居在閩籍故里的陳寶琛，毅然把自己任總理的福州東文學堂改辦爲培養小學教師的全閩師範學堂，校址選在福州秀麗的烏石山。陳寶琛親撰訓聯："溫故知新可以爲師，化民成俗其必由學。"作爲其辦學之宗旨。三十一年(1905)，清廷廢科舉，致用書院改名全閩師範學堂簡易科。三十二年（1906），全閩師範學堂改名福建師範學堂，同時也進入了籌辦福建優級師範學堂的實際操作階段。三十三年（1907）正月，福建師範學堂內正式增辦培養中學教師的優級師範選科，隨後名爲福建優級師範學堂，陳寶琛爲首任監督。由於優級和初級師範同處於一個學校之中，當時一般通稱爲福建兩級師範學堂，或簡稱爲"閩師"。

在全閩師範學堂初辦之時，清廷頒布《奏定學堂章程》(《癸卯學制》)。其中明確規定："大學堂當置附屬圖書館一所。"由於全閩師範學堂的辦學經費頗爲緊張，爲了節省開支，除了當初併入的致用書院部分藏書之外，陳寶琛慷慨解囊，率先將其部分私人藏書捐贈給全閩師範學堂，開福州私家藏書捐贈學校圖書館之先河。

辛亥革命後，福建師範學堂改稱福建師範學校。此後又先後使用了福建省立第一師範學校、福建省立第一高級中學、福建省立福州高級中學、福建省立福州師範學校、福建省立師範學校等校名。抗戰期間，福州淪陷，該校內遷永安。1941年，國民政府教育部批准在福建永安成立福建省立師範專科學校。1942年，該校址又從永安遷到南平，致用書院的原有藏書以及陳寶琛等人捐獻給全閩師範學堂圖書室的藏書，亦隨遷南平。新中國成立後，這些藏書悉數歸入福建省永安師範學校，"文革"後移入三明師範學校，今藏於三明學院圖書館。

多少歲月，滄桑痕跡，篳路藍縷，澤被當代。這批珍貴的典籍，雖歷經坎坷，但有幸保存至今，發揚深顯，嘉惠士林，承傳了三明學院的百年學史與文脈。

近年來，三明學院圖書館爲了搶救性地保護與整理這批珍貴的典籍，積極參加了全國古籍普查登記工作。歷經兩年多的整理與普查登記，獲得了階段性的成果。據其著錄，這批古籍凡3300餘冊，部分已由福建省古籍保護中心鑒定爲善本，如：清康熙十九年（1680）刻本《通志堂經解》、清康熙刻本《玉海》、清初刻本《三泉先生文集》等。其中的《三泉先生文集》既爲明朝永安進士林騰蛟所撰，又屬三明永安地方刻書，當是三明古代十分重要的地方文獻。而致用書院之遺存，多爲致用書院創建初期之所藏，亦是目前福建省内頗爲罕見的鈐有致用書院藏書章的典籍，如據清同治十二年（1873）刻本《致用堂志略·致用堂捐藏書目》記載：當初捐贈的圖書共有185種3720冊。現僅存16種535冊。其中屬福建布政使葆亨捐贈的就有《通典》《通志》《文獻通考》等3種91冊，且鈐有"同治十三年署福建布政使葆　捐置西湖書院致用堂"藏章；屬致用書院第一任山長林壽圖捐贈的則有11種286冊，書中鈐有"壽圖之印""臣林壽圖""潁朮""歐齋"等藏章。諸此，均彌足珍貴。

目前由三明學院圖書館編纂、國家圖書館出版社出版的《三明學院圖書館古籍普查登記圖目》（以下簡稱《圖目》），既是此次全國古籍普查登記工作的直接成果，又是充分揭示和展現三明學院圖書館百年館藏及其搶救性保護與整理工作所取得的階段性成果。尤值一提的是，該《圖目》已榮獲國家古籍保護中心批准列入"中華古籍保護計劃成果"，填補了三明學院圖書館國家級古籍保護成果的空白。

該《圖目》告竣之際，摩挲新卷，先睹爲快，不禁喜出望外。三明學院圖書館馬騰館長繼而索序於我。有愧才疏學淺，難膺重任，擬婉言以謝絕。然有感於該批文獻的發現及其搶救性保護與整理的過程，我則些許忝列其中，聊盡綿薄之力。有鑒於此，乃不揣淺陋，欣然提筆，勉力而作，爰爲之序。爲了使三明學院圖書館收藏的這批古代典籍愈發顯示出其珍貴的歷史價值，並爲當前的教學與科研發揮更大的文獻保障作用，願與三明學院圖書館諸同仁共勉之！

方寶川謹序於金橋花園愛丁堡歸然書齋

2016 年 11 月 18 日晚

（本文作者係福建師範大學圖書館館長，教授、博士生導師）

一、收録範圍

本《圖録》收入三明學院圖書館所存古籍137種。

二、編排次序

本《圖録》所收古籍按照藏書鈐章的年代順序編排，依次爲：致用書院（致用堂）、福州東文學堂、全閩師範學堂、福建師範學校、福建省立第一師範學校、福建省立第一高級中學、福建省立福州高級中學、福建省立福州師範學校、福建省立師範學校，無印章者歸入福建省立師範學校。每校之下，略按經、史、子、集排序。需要説明的是，部分藏書書衣葉鈐章早於書中鈐章，根據書影選擇標準，祇選取書中鈐章，故編排時會出現鈐章年代較近的藏書書影列於鈐章年代較遠的藏書書影之前的情況。如鈐有“福建省立師範學校福州烏石山”（1936年）的《古經解彙函十六種》書影列於鈐有“全閩師範學堂圖書印”（1903年）的《四書朱子本義滙叅四種》書影之前。

三、書影選擇標準

1.每種古籍，依據正文首卷卷端、書名葉和序跋葉所鈐藏書章甄選，每部書一般選圖一至兩幀，叢書則適當增加，視圖版清晰程度和價值高下來確定。

2.拍攝圖版時依館藏原書，不採用複製件。

四、著録事項

著録順序爲順序號、題名卷數、著者、版本、版框尺寸、行款字數、書口、邊欄、魚尾、鈐印。缺項則不録。

五、目録附録

1.在《圖録》正文之前，編製《圖録》書名目録。

2.在《圖録》正文之後，附録《三明學院圖書館古籍普查登記目録》。

目 錄

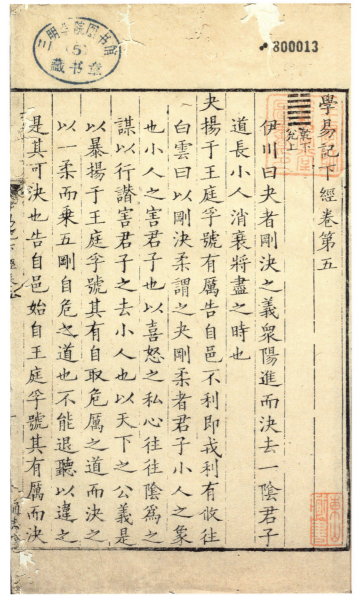

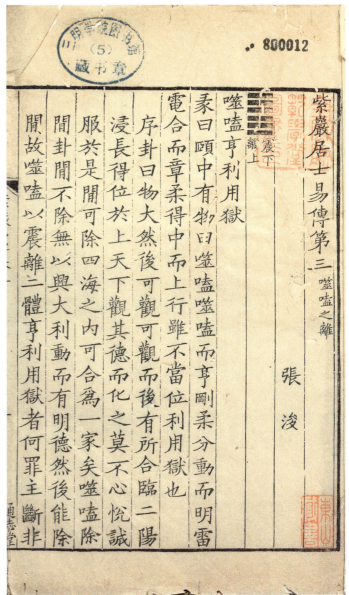

001 通志堂經解一百四十種 （清）納蘭成德輯　清康熙十九年（1680）通志堂刻本

框高 20.2 釐米，寬 15.0 釐米。行款不一。鈐"西湖致用堂藏書""東山藏書"等印。

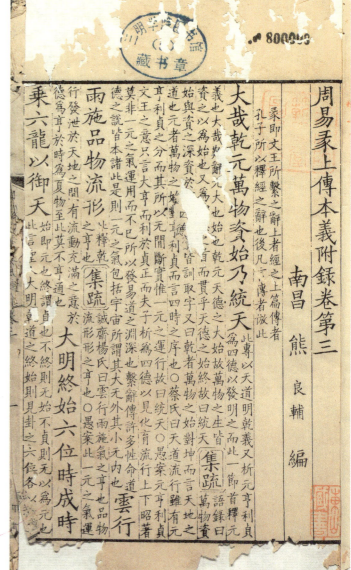

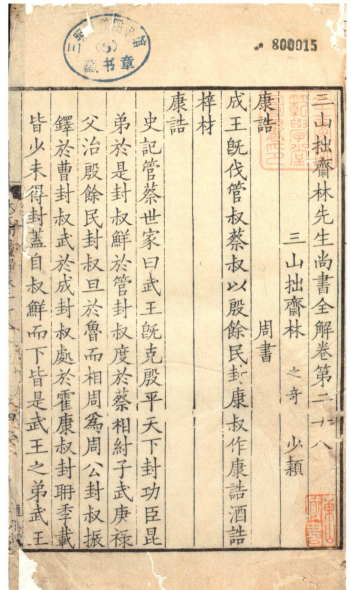

右頁：

三山拙齋林先生尚書全解卷第二十八

三山拙齋林之奇　少穎

周書

康誥

成王旣伐管叔蔡叔以殷餘民封康叔作康誥酒誥

梓材

康誥

史記管蔡世家曰武王旣克殷平天下封功臣昆
弟於是封叔鮮於管封叔度於蔡相紂子武庚祿
父治殷餘民封叔旦於魯而相周爲周公封叔振
鐸於曹封叔武於成封叔處於霍康叔封聃季載
皆少未得封蓋自叔鮮而下皆是武王之弟武王

左頁：

尚書詳解卷第八

康誥第十一

周書

成王旣伐管叔蔡叔以殷餘民封康叔作康
誥酒誥梓材

康叔所封也

三監旣伐商之大家世族皆遷洛周公君陳畢公
始中終之所式化此其存而不遷者爲餘民衞地

康誥惟三月哉生魄十六周公初基作新大邑于
東國洛四方民大和會子來侯甸男邦采衞
勤慰撫乃洪大誥治播舞民和見士事于周周公咸

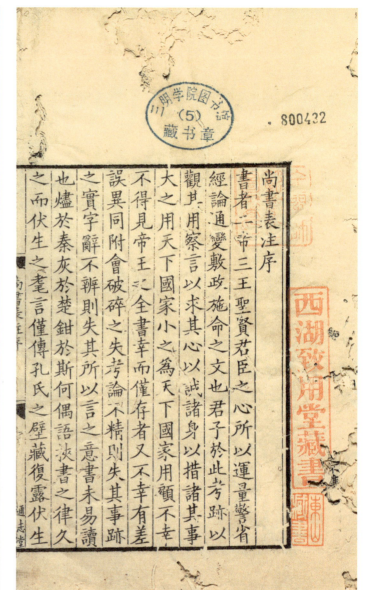

·800432

尚書表注序

書者二帝三王聖賢君臣之心所以運量警省

經論通變敷政施命之文也君子於此考跡以

觀其用察言以求其心以誠諸身以措諸其事

大之用天下國家小之為天下國家用顧不幸

不得見帝王之全書幸而僅存者又不幸有差

誤異同附會破碎之失考論不精則失其事跡

之實字辭不辨則失其所以言之意書未易讀

也燼於秦灰於楚鉗於斯何偶語淡波書之律久

之而伏生之耄言僅傳孔氏之壁藏復露伏生

通志堂

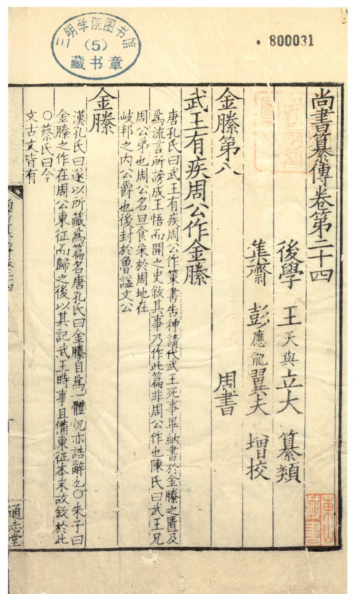

·800031

尚書纂傳卷第二十四

後學　王天與立大　纂類

集　彭應龍巽夫　增校

周書

金縢第八

武王有疾周公作金縢

唐孔氏曰武王有疾周公作策書告神請代武王死事畢納書於金縢之匱及

周公弟也周公名旦食采於周地在

岐邦之內公爵也後封於魯謚文公

金縢

漢孔氏曰遂以所藏為篇名唐孔氏曰金縢目為一篇況本誥辭乃○朱子曰

金縢之作在周公東征而歸之後以其記武王時事且備東征本末故於此

○蔡氏曰今文古文皆有

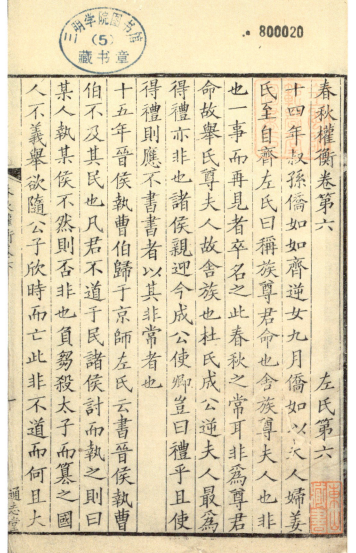

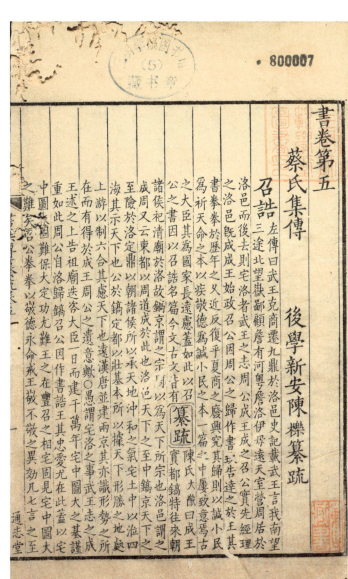

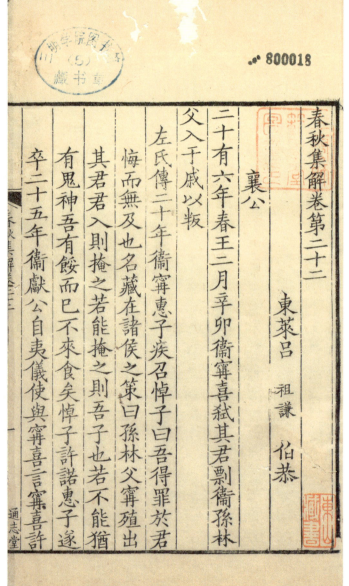

春秋集解卷第二十二

東萊呂　祖謙　伯恭

襄公

二十有六年春王二月辛卯衛甯喜弒其君剽衛孫林
父入于戚以叛

左氏傳二十年衛甯惠子疾召悼子曰吾得罪於君
悔而無及也名藏在諸侯之策曰孫林父甯殖出
其君君入則掩之若能掩之則吾子也若不能猶
有鬼神吾有餒而已不來食矣悼子許諾甯子遂
卒二十五年甯獻公自夷儀使與甯喜言甯喜許

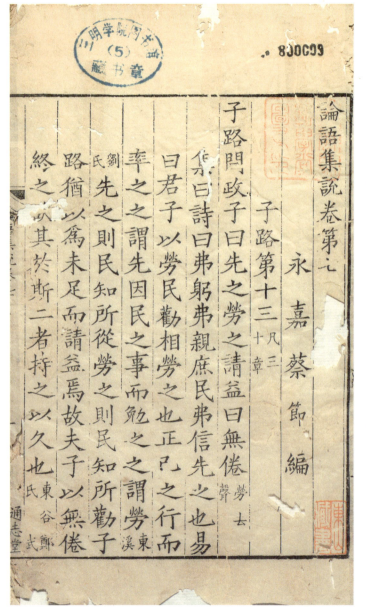

論語集說卷第六

永嘉　蔡節　編

子路第十三　八三十章

子路問政子曰先之勞之請益曰無倦　勞去聲

集曰詩曰弗躬弗親庶民弗信先之也易
曰君子以勞民勸相勞之也正己之行而
率之之謂先因民之事而勉之之謂勞　東
劉
氏　先之則民知所從勞之則民知所勸子
路猶以為未足而請益焉故夫子以無倦
終之以其於斯二者持之以久也　東谷鄭武

趙氏四書纂疏序

格菴趙氏四書纂疏共三十六卷前有清源洪天錫序
而陵陽季子才又分序之其書一以朱子為歸不雜異
論於大學中庸先之以章句次以或問間以所聞附其
後又以語錄暨諸儒發明大義者注其下於論孟子
則一本集注而采或問集義詳說語錄所載分注焉普
朱子之為章句也大學則宗程子會眾說而折其中中
庸則以己意分之復取石子重集解刪其繁名以輯略
其為集注也取二程張范二呂謝游楊侯尹十一家之
說輯為要義更名之曰精義載更集義又本注疏參

中庸纂疏序

予既為趙君序大學章句疏矣趙君又疏中庸章句以
胥敎海嗚呼主惟無志則已苟有志焉則何書之不可
讀也予至是益嘆趙君之用工何其專而工夫之到文
理密察又何其不苟也然嘗伏讀中庸章句之書因有
以見孔門傳授之正本朝諸子解說之詳矣蓋自皇王
以來繼天立極丁寧告戒不出是道今觀堯之告舜則
曰允執其中禹則舜之命之曰人心道心湯之詰民則
民有常性武之誓師則曰人為物靈以至成王之言生
厚尹吉甫之言秉彝劉子之言天地中世之相去有久

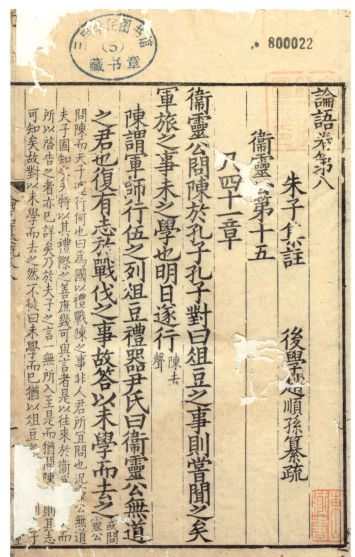

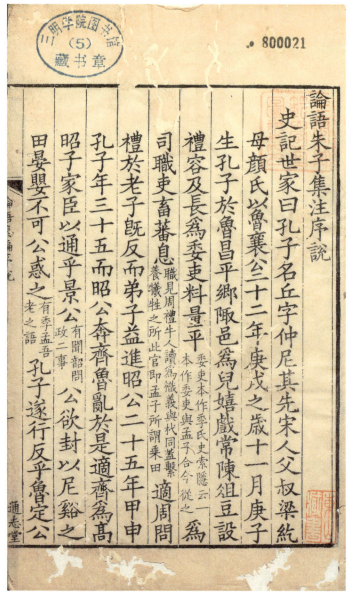

論語朱子集注序說

史記世家曰孔子名丘字仲尼其先宋人父叔梁紇

母顏氏以魯襄公二十二年庚戌之歲十一月庚子

生孔子於魯昌平鄉陬邑為兒嬉戲常陳俎豆設

禮容及長為委吏料量平

司職吏畜蕃息

禮於老子既反而弟子益進昭公二十五年甲申

孔子年三十五而昭公奔齊魯亂於是適齊為高

昭子家臣以通乎景公

田晏嬰不可公惑之

孔子遂行反乎魯定公

通志堂

論語卷第八

衛靈第十五

八四十一章

朱子集註

後學慎順孫纂疏

衛靈公問陳於孔子對曰俎豆之事則嘗聞之矣

軍旅之事未之學也明日遂行

陳謂軍師行伍之列俎豆禮器尹氏曰衛靈公無道

之君也復有志於戰伐之事故答以未學而去之

問陳而夫子遂行何也曰為國以禮戰陳之事非人君所宜問也況

夫子固知之者亦豈特以其禮際之善庶幾可與言者是以往來於衛

所以啟告之者乃至於夫子之言一無所入至是而猶問陳

可知矣故對以未學而已猶以俎豆之

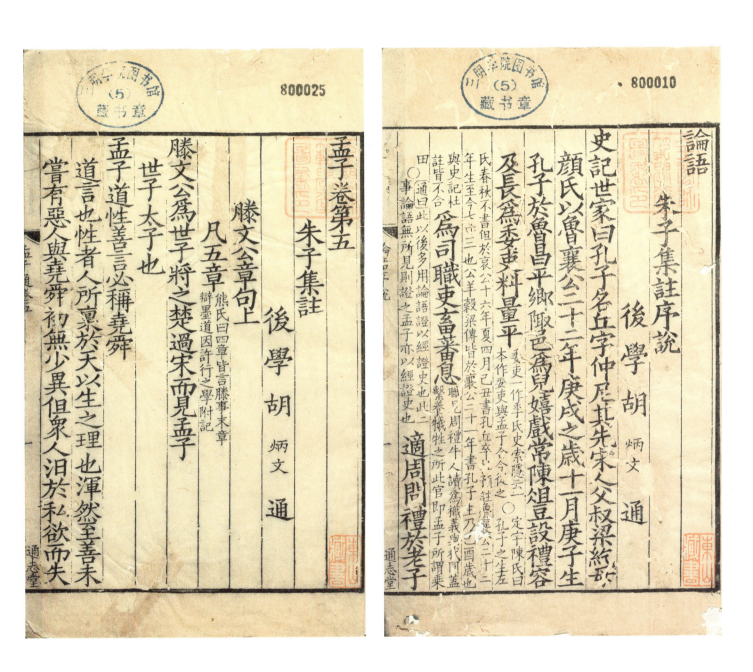

右頁（論語）

論語

朱子集註序說

後學　胡炳文　通

史記世家曰孔子名丘字仲尼其先宋人父叔梁紇
顏氏以魯襄公二十二年庚戌之歲十一月庚子生
孔子於魯昌平鄉陬邑為兒嬉戲常陳俎豆設禮容
及長為委吏料量平（委吏一作季氏史索隱云……孔子之生左年生至今七十二也……孟子令令秋之……氏春秋不書但於哀公十六年夏四月己丑書孔丘卒……○通曰此以後多用論語證以經證史也此二事論語無所見則證之孟子亦以經證史也田）

為司職吏畜蕃息（職已周禮牛人讀為犧義與我同蓋繫養犧牲之所即官……與史記杜註皆不合註皆以為職吏所謂乘）

適周問禮於老子

左頁（孟子卷第五）

孟子卷第五

朱子集註

後學　胡炳文　通

滕文公章句上

凡五章（熊氏曰四章皆言滕事末章辯墨道因許行之學附記）

滕文公為世子將之楚過宋而見孟子

世子太子也

孟子道性善言必稱堯舜

道言也性善者人所稟於天以生之理也渾然至善未
嘗有惡人與堯舜初無少異但眾人汩於私欲而失

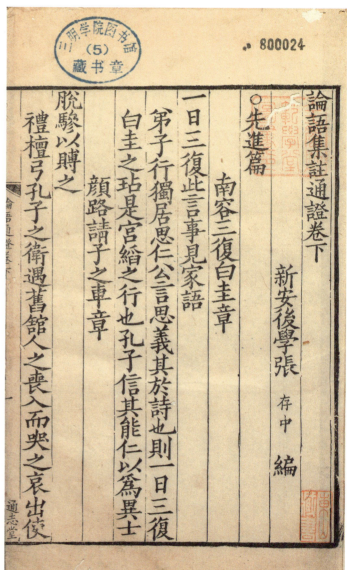

論語集註通證卷下　　新安後學張　存中　編

○先進篇

南容三復白圭章

一日三復此言事見家語

弟子行獨居思仁公言思義其於詩也則一日三復
白圭之玷是宮縚之行也孔子信其能仁以為異士

顏路請子之車章

脫驂以賻之

禮檀弓孔子之衛遇舊館人之喪入而哭之哀出使

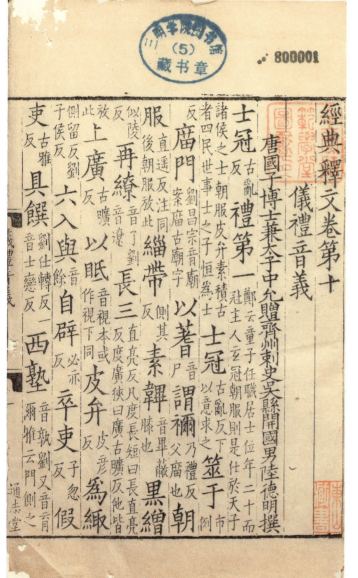

經典釋文卷第十

儀禮音義

唐國子博士兼太子中允贈齊州刺史吳縣開國男陸德明撰

士冠禮第一

庿門　以著　士冠　再繚　緇帶　素韠　黑繪　朝

服　上廣　以眠　長三　自辟　皮弁　為緇

六八與　卒吏　為緇　西塾　具饌

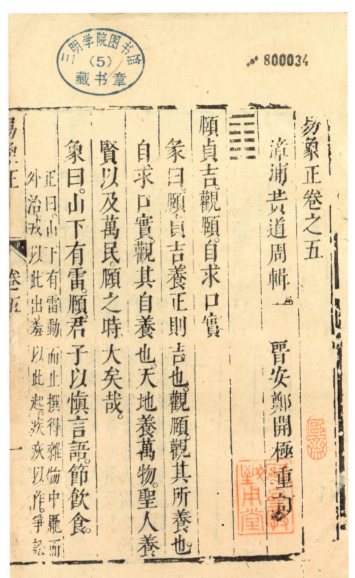

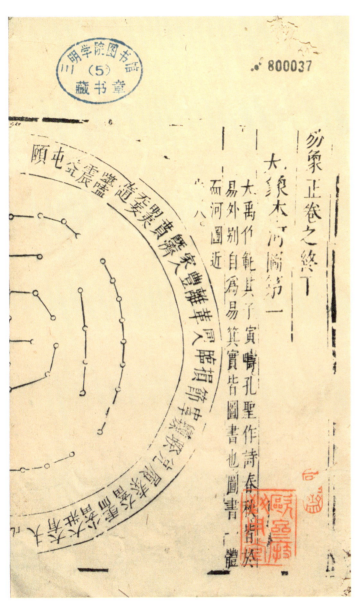

002 石齋先生經傳九種 （明）黃道周撰 （清）鄭開極重
訂　清康熙三十二年（1693）鄭肇刻道光二十八年（1848）長洲彭
蘊章補刻本
框高 20.7 釐米，寬 14.8 釐米。半葉九行，行十八字，白口，左右
雙邊，單魚尾。鈐"歐齋庋致用堂""潁卡""壽圖之印"等印。

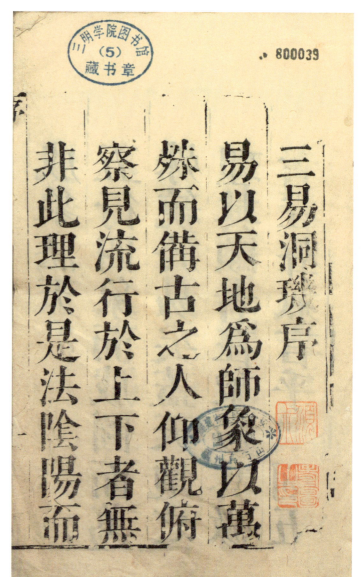

三易洞璣序

易以天地爲師象以萬
殊而備古之人仰觀俯
察見流行於上下者無
非此理於是法陰陽而

三易略例

宓圖經緯三卷

宓一卷

肇木先天上元始箕卦回三乘與象相麗以三三九相乘以別慶始爲妢復次穀生以九象生以三九之餘二千一百八十有九候分七十有四歲餘五萬二千四百有七歲餘日相得象數八不盪爲萬歲歷天無爽是第三萬一千四百十一歲七精還始與天歷行之五十二作前所立非諸述選之命首義二十二開別繫栓後之所經說疑義有九開端十

宓二卷

日行進退見栓表爲表盪縮歷律所出法置天方四周各百二十有八方圓相麗栓九十八變而栓極兩極出地表當天中一表與卦相直九八相除以視羸縮九以爲法入方各有八以爲實

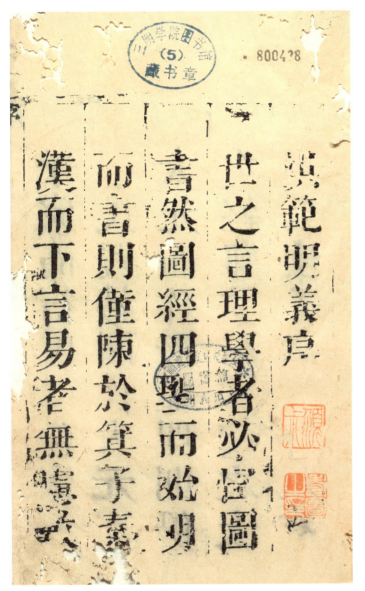

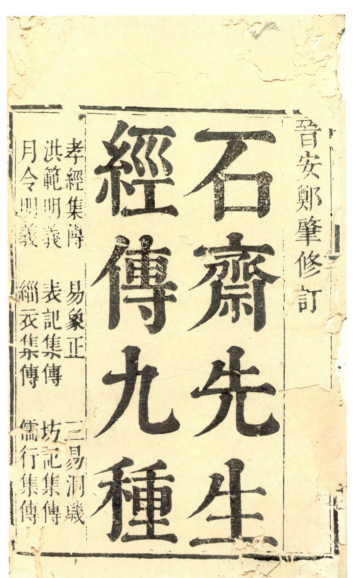

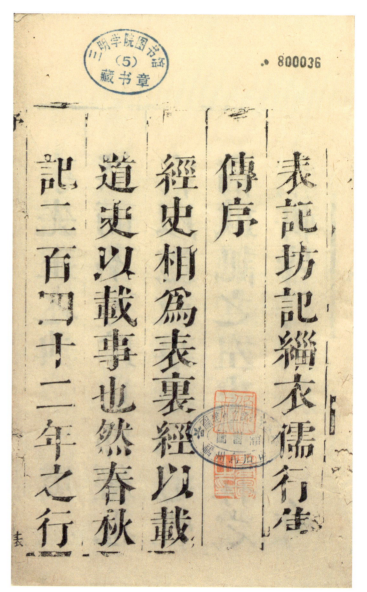

表記坊記緇衣儒行傳

傳序

經史相爲表裏經以載

道吏以載事也然春秋

記二百四十二年之行

表記集傳原序

臣觀古者窺測天地日月皆先立表以

視其晷景長短以御高淩遠近揆昏旦之中以

占星物敬授民時皆於表爲取之表正則景正

表邪則景邪體存於表而用在於制天地日月

吐其光景以顯道相示蠻紺一寸則差數千里

故表之爲政猶君之有身天之有極不可不審

也子曰仁者天下之表也義者天下之制也報

者天下之利也君子以仁立表以義制之慶其

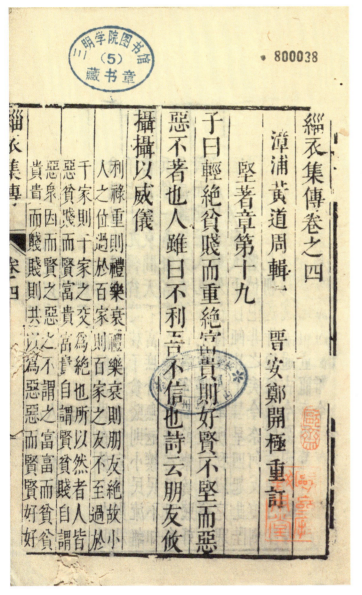

緇衣集傳卷之四

漳浦黃道周輯

晉安鄭開極重訂

堅著章第十九

子曰輕絕貧賤而重絕富貴則好賢不堅而惡
惡不著也人雖曰不利吾不信也詩云朋友攸
攝攝以威儀

利祿重則禮樂衰禮樂衰則朋友絕故小
人之位過從百家則百家之友不至過從
千家則千家之交爲絕也所以然者人皆
惡貧賤而賢富貴自謂賢貧賤自謂
惡泉因而賤賤則共以爲惡惡之富富而賢賢好貧

月令明義序

兩儀奠位歲功乃成四

特運行王道以建粤自

上古神聖繼作代天理

物裁成輔相左右斯民

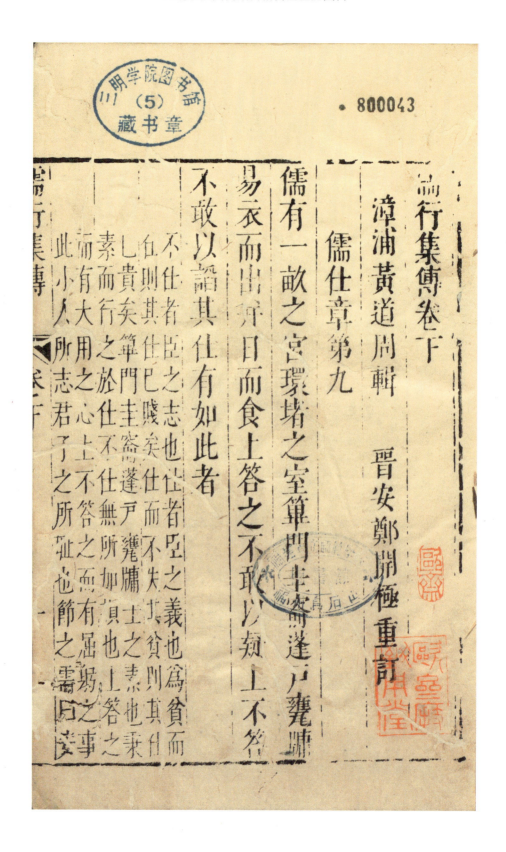

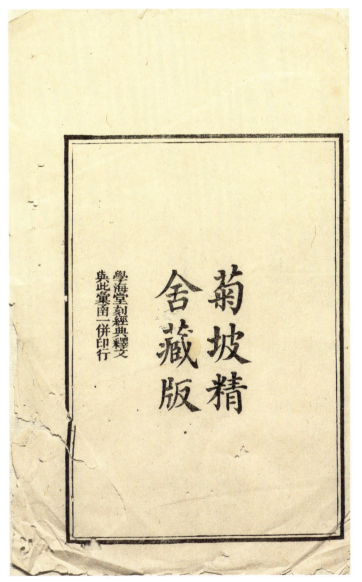

003 古經解彙函十六種 （清）鍾謙鈞等輯　清同治十二年
(1873) 粵東書局刻本

框高 20.7 釐米，寬 14.8 釐米。半葉十行，行二十一字，白口，左
右雙邊，單魚尾。鈐"致用堂藏書"等印。

古經解彙函　第三

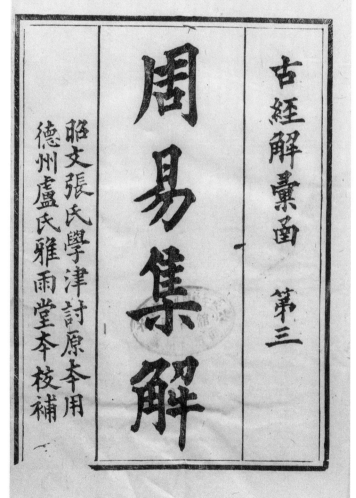

周易集解

昭文張氏學津討原本用
德州盧氏雅雨堂本校補

周易集解卷第一

唐　資州李鼎祚輯

古經解彙函之三

乾下乾上　乾元亨利貞

案說卦乾健也言天之體以健為用運行不息應化
无窮故聖人則之欲使人法天之用不法天之體故
名乾不名天也○子夏傳曰元始也亨通也利和也
貞正也言乾禀純陽之性故能首出庶物各得元始
開通和諧貞固不失其宜是以君子法乾而行四德
故曰元亨利貞矣

初九潛龍勿用

周易口訣義卷一

唐　史　徵　撰

上經一　乾至小畜

周易傳爲上經弟一者先儒云易有三名夏曰連山殷
曰歸藏周曰周易康成云連山者象山之出雲歸藏者
莫不歸藏於其中周易者言易道周普無所不備竊謂
易者是文王所演因代爲名故稱周也易取變通爲義
上經者三十卦象陽取其三之奇數也經猶徑也謂聖
人亦以易道敎人可以踐履濟涉徑路無所不通也卦
者挂也謂懸挂物象吉凶之理顯焉傳者傳也如孔氏

古經解彙　第四

周易口訣義

陽湖孫氏岱南閣本

古經解彙函　第十三

尚書大傳

閩縣陳氏定本

令再編定

尚書大傳卷一

漢伏勝撰　　　鄭康成注

唐傳案曰困學紀聞卷二云大傳說堯典　　福州陳壽祺輯校
謂之唐傳則伏生不以是爲虞書

堯典

堯年十六以唐侯升爲天子遂以爲號論語泰
案曰堯典正義云徧檢書傳無帝堯即位伯疏
之年則此似非伏生大傳文疑出書緯
辯章百姓見毛詩采菽正義史記
辯章百姓五帝紀索隱後漢書注
辨章百姓昭明書大傳前集引尚
主春者張昏中可以種穀主夏者火昏中可以種黍主
秋者虚昏中可以種麥主冬者昴昏中可以收斂見禮
書大傳第一曰云云
以上

《尚書大傳卷一》　　　一

800069

古經解彙函　第十六

春秋繁露

餘姚盧氏抱經堂本

春秋繁露卷第六

服制像第十四

天地之生萬物也以養人故其可食者以養身體其可
威者以爲容服禮之所爲興也劍之茌左青龍之象也
刀之茌右白虎之象也戟之茌前赤鳥之象也
舊本訛作鉤今以黃氏日鈔校改　戟卽戟
也戟鐮也
冠之茌首矛武之象也四者人之盛
飾也夫能通古今別然不然乃能服此也　案然不卽然
否下然字疑
衍益矛武者貌之最嚴有威者也其像茌後其服反居
首武之至而不用矣聖人之所以超然雖欲從之末由
也已　剛之此三句必後人妄竄入
夫義乃得通貫
夫執介胄而後能拒敵者

〔春秋繁露卷六〕

古經解彙函　第十七

春秋釋例

武英殿聚珍版本

重刊春秋釋例序

春秋釋例三十篇並劉賈序存永樂大典中　國朝四
庫書据孔氏左傳正義增訂爲十五卷以符隋經籍志
舊數　內府祕書學者或未窺見因與莊大令述祖商
付黎版以廣流傳仍序牘畧謹附提要之後春秋左氏
之學自賈服舊注散佚不傳惟杜氏撰著多存古說不
若唐時啖助趙匡好以臆解攻擊前儒義訓杜氏既注
左氏又有釋例專行据晉書本傳云參考衆家譜第謂
之釋例又作盟會圖春秋長歷是明其有所本也唐劉
蕡序以爲宗本舊章非元凱獨斷而然朱吳萊序云世

・800073

論語集解義疏卷第三

魏 何晏 集解

梁 皇侃 義疏

論語公冶長第五 [疏]公冶長者孔子弟子也此篇明次前者言公冶雖在縲絏而為聖師證者也所以次里仁也明若不近仁則曲直難辨故公冶

子謂公冶長可妻也雖在縲絏之中非其罪也以其子妻之[注]孔安國曰公冶長弟子魯人也姓公冶名長縲黑索也縲攣也所以拘罪人也[疏]子謂公冶長可妻之者謂可妻也云子謂公冶長可妻者孔子欲以女嫁之故先評論而謂可妻也云雖在縲絏之中非其罪也者用黑索係備論其由來也縲黑索也攣也古者用黑索攣係罪人也冶長賢人于時經枉濫在縲絏之中雖然實非

欽定書經傳說彙纂卷第十二

旅獒

【集傳】西旅貢獒。孔氏穎達曰西方之戎有國名獒。獻其大犬其名曰獒。公以爲非所當受作書以戒武王亦訓體也因以旅獒名篇今文無古文有

【集說】林氏之奇曰西旅聞武王之威德有慕義之意於是獻獒以表其誠。太保召公深慮武王之志漸怠而好戰功之心由是而生。故進諫於王。以爲不當受也。○真氏德秀曰武王大聖人也。西旅貢獒。初未之受。召公恐其特大德而忽細行。以獻獒之受爲無損故豫戒之如此蓋積行而成

欽定春秋傳說彙纂卷第二十一

春葬陳靈公

【公羊】討此賊者非臣子也何以書葬君子辭也。

【胡傳】討賊者非臣子也。楚已討之矣。臣子雖欲討之而無所討也。君子或不能討而上有天王下有方伯又其次有四鄰有同盟。有方域之諸侯與凡民皆得而討之。陳之臣子亦可以釋怨矣。故得書葬。君子辭也。

甲子

定王十有二年晉景公三年齊頃二年衛穆三年蔡文十年杞桓四十年宋文十四年秦桓八年楚莊十七年。曹文二十年鄭襄八年陳成二

---

004 御纂七經　（清）王揜等輯　清同治十年（1871）湖北崇文書局刻本

框高 20.9 釐米，寬 16.0 釐米。半葉八行，行十八字，小字雙行二十二字，白口，四周雙邊，單魚尾。鈐"致用堂藏書""歐齋庋致用堂"等印。

右頁：

欽定儀禮義疏卷第二十一　致用堂藏書

觀禮第十

正義　鄭氏康成曰觀見也觀禮於五禮屬賓大戴第十
六小戴第十七別錄第十。又曰觀之言勤也欲其勤
王事。敖氏繼公曰此篇主言同姓大國之君入觀於
王之禮初無四時之別與周官秋見曰觀之意異。
朱　穀梁傳及王制天子無事與諸侯相見曰朝是四時
之朝觀宗遇皆可名朝朝又可名觀虞書言乃曰觀四

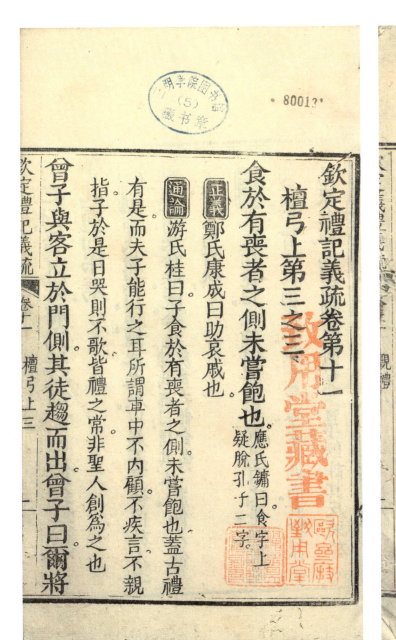

左頁：

欽定禮記義疏卷第十一　致用堂藏書

檀弓上第三之三

食於有喪者之側未嘗飽也　應氏鏞曰食字上
疑脫孔子二字。

正義　鄭氏康成曰助哀戚也

通論　游氏桂曰子食於有喪者之側未嘗飽也蓋古禮
有是而夫子能行之耳所謂車中不內顧不疾言不親
指子於是日哭則不歌皆禮之常非聖人創為之也

曾子與客立於門側其徒趨而出曾子曰爾將

欽定禮記義疏　卷十一　檀弓上三

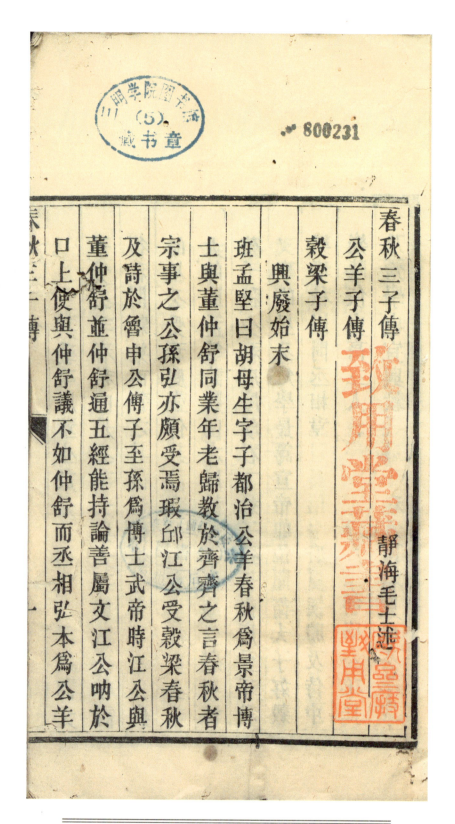

春秋三子傳

公羊子傳

穀梁子傳

興廢始末

班孟堅曰胡母生字子都治公羊春秋為景帝博
士與董仲舒同業年老歸教於齊齊之言春秋者
宗事之公孫弘亦頗受焉瑕邱江公受穀梁春秋
及詩於魯申公傳子至孫為博士武帝時江公與
董仲舒並仲舒通五經能持論善屬文江公吶於
口上使與仲舒議不如仲舒而丞相弘本為公羊

靜海毛士述

致用堂藏書

005 毛氏春秋三種 （清）毛士撰　清同治十一年（1872）深澤
王氏刻本
框高18.5釐米，寬13.7釐米。半葉十行，行二十字，白口，四周
雙邊，單魚尾。鈐"致用堂藏書""歐齋庋致用堂"等印。

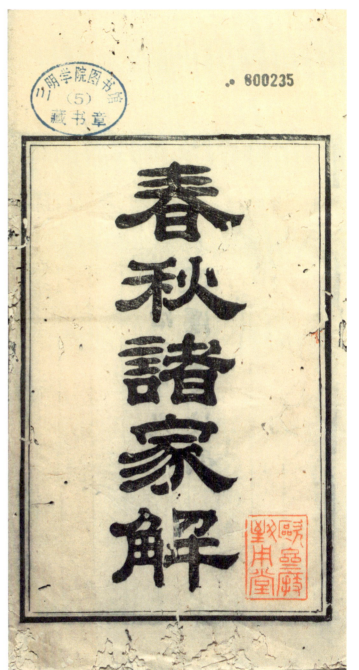

春秋諸家解

春秋諸家解

總論

致用堂藏書

杜元凱曰諸侯各有國史春秋者魯史記之名也

記事者以事係日以日係月以月係時以時係年

所以紀遠近別同異也故史之所記必表年以首

事年有四時故錯舉以為所記之名也或謂春秋

之名或謂春夏刑以秋冬或謂春秋皆一非若杜春

若之名頻賞春獲麟秋成書故謂之春一褒一貶惟若

之說得

右論經粗局及命名之義

馬貴與曰秦焚書夫子所修之春秋其本文世所

春秋者家解

總論一

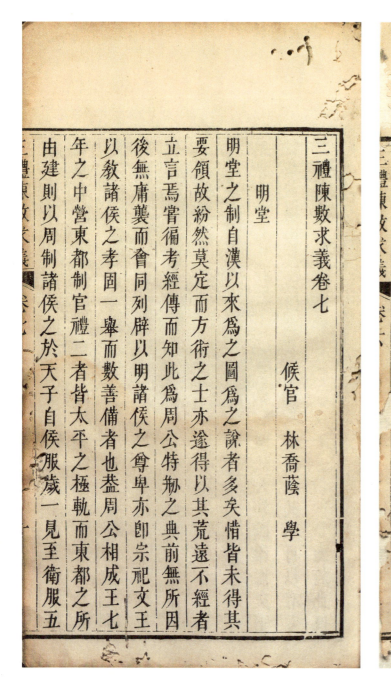

006 三禮陳數求義三十卷 （清）林喬蔭撰 清嘉慶八年（1803）

誦芬堂刻本

框高 20.0 釐米，寬 13.0 釐米。半葉十行，行二十二字，白口，
四周雙邊，單魚尾。鈐"歐齋庪致用堂""壽圖之印"等印。

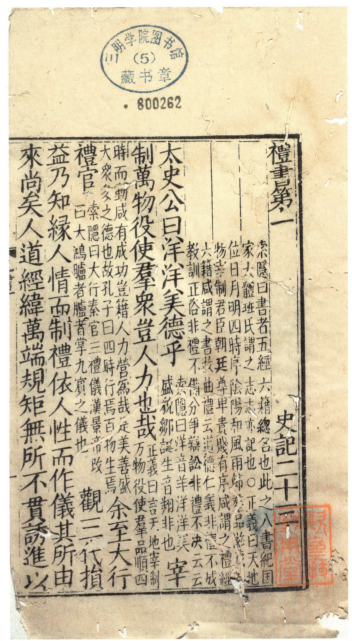

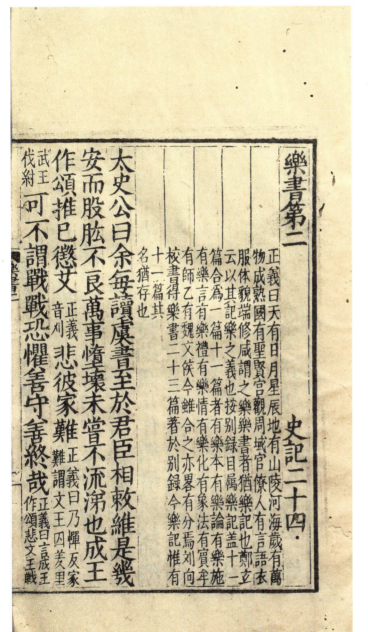

007 史記一百三十卷 （漢）司馬遷撰 （南朝宋）裴駰集解

（唐）司馬貞索隱 （唐）張守節正義 清同治九年（1870）湖北

崇文書局刻本

框高 19.3 釐米，寬 12.9 釐米。半葉十行，行十八字，小字雙行

二十四字，白口，四周雙邊，單魚尾。鈐"歐齋庪致用堂"等印。

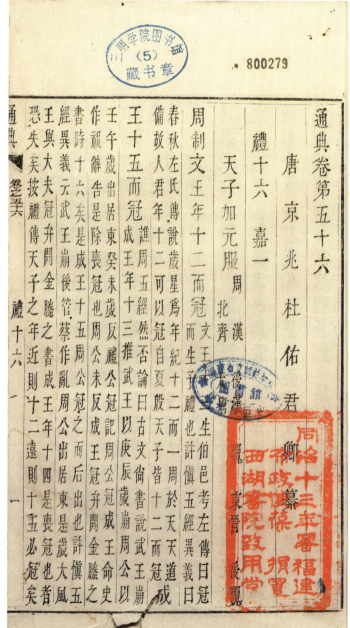

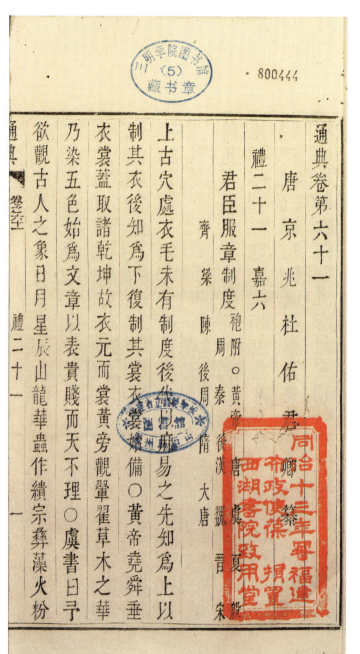

008 通典二百卷 （唐）杜佑撰　清刻本

框高 23.7 釐米，寬 16.0 釐米。半葉十行，行二十一字，小字雙行同，白口，四周雙邊，單魚尾。鈐"同治十三年署福建布政使葆　捐置西湖書院致用堂"等印。

通志卷第一百四十四

列傳第五十七

宋右迪功郎鄭 樵撰

陳

杜僧明　周文育　好 侯瑱　侯安都　歐陽頠

子黄法㲝　淳于量　章昭達　吳明徹　胡穎

子黄法㲝子敬　杜稜　周鐵虎　程靈洗 子文季 沈恪

陸子隆 弟子才　錢道戢　駱牙　孫瑒　徐世

譜周敷・荀朗　周炅　魯悉達　蕭摩訶 詞世子

廉智深　陳任忠　樊毅猛 弟裴忌 父之韓子高　華皎

列傳五十七

一

009 通志二百卷　（宋）鄭樵撰　清刻本

框高23.7釐米，寬15.8釐米。半葉十行，行二十一字，小字雙行同，
白口，四周雙邊，單魚尾。鈐“同治十三年署福建布政使葆　捐置
西湖書院致用堂”等印。

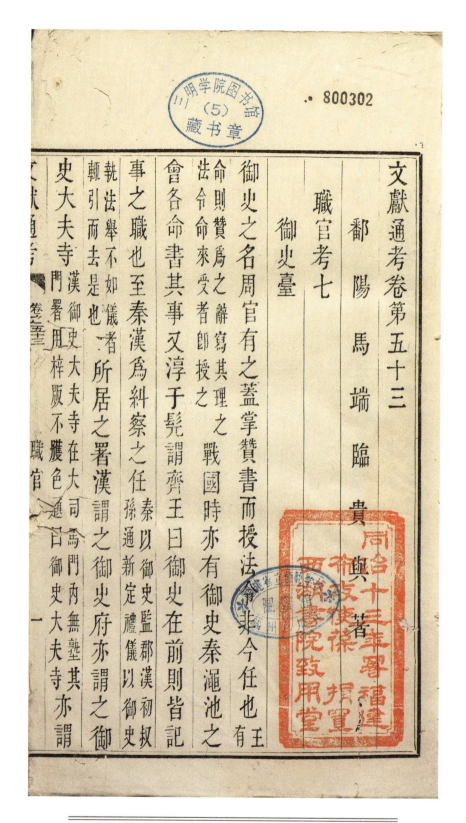

文獻通考卷第五十三

鄱陽 馬端臨 貴與 著

職官考七

御史臺

御史之名周官有之蓋掌贊書而授法命則贊爲之辭寫其理之法令命來受者師授之會各命書其事又淳于髡謂齊王曰御史在前則皆記事之職也至秦漢爲糾察之任秦以御史監郡漢初叔孫通新定禮儀以御史執法舉不如儀者輒引而去是也所居之署漢謂之御史府亦謂之御史大夫寺漢御史大夫寺在大司馬門內無壁其門署用梓版不雘色通呼御史大夫寺亦謂史大夫寺

戰國時亦有御史秦澠池之會今任也有王

文獻通考 職官 一

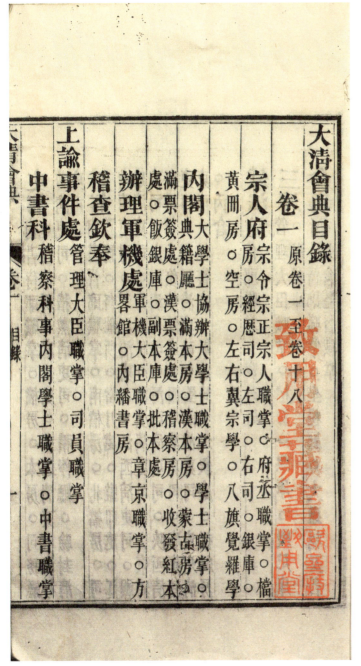

011 欽定大清會典一百卷首一卷 （清）允祹等纂 清同治十
一年（1872）湖北崇文書局刻本
框高 22.2 釐米，寬 15.5 釐米。半葉十行，行二十字，白口，四周
雙邊，單魚尾。鈐“致用堂藏書”“歐齋廢致用堂”等印。

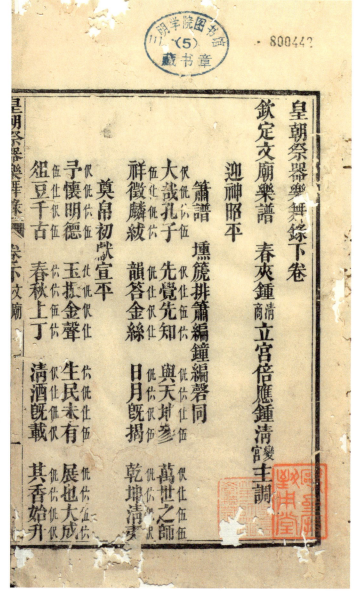

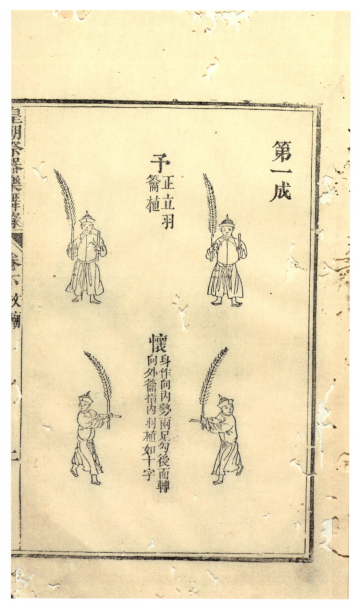

012 皇朝祭器樂舞録二卷　（清）徐暢達輯　清同治十年
(1871) 湖北崇文書局刻本

框高 20.5 釐米，寬 14.3 釐米。半葉九行，行二十三字，白口，四
周雙邊，單魚尾。鈐“歐齋庋致用堂”等印。

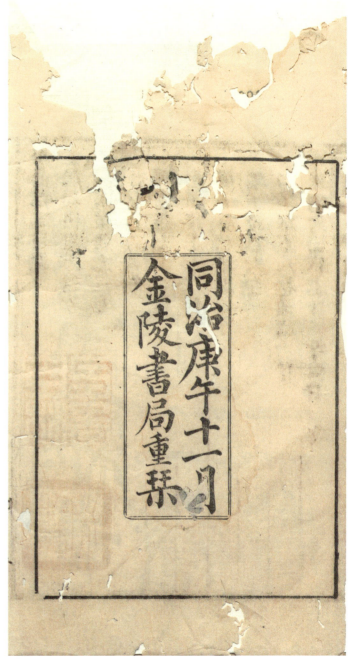

013 讀書雜志十種 （清）王念孫撰　清同治九年（1870）金陵
書局刻本

框高 17.5 釐米，寬 13.3 釐米。半葉十行，行二十一字，小字雙行同，
白口，四周雙邊，單魚尾。鈐"歐齋庋致用堂""壽圖之印""歐
齋""臣林壽圖"等印。

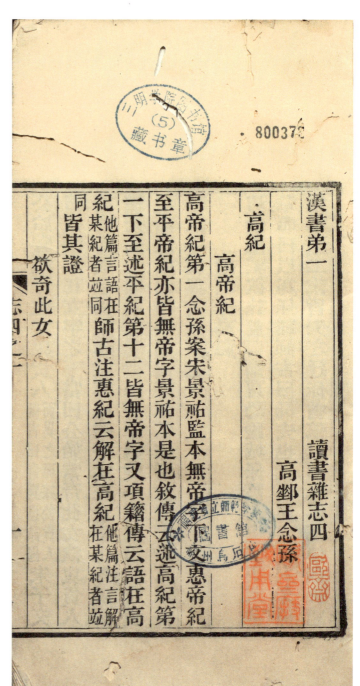

漢書弟一

讀書雜志四

高郵王念孫

·高紀

高帝紀第一 念孫案宋景祐監本無帝字景祐本是也敍傳云述高紀第
至平帝紀亦皆無帝字又項籍傳云語在高
一下至述平紀第十二皆無帝字又籍傳云語在高紀第
紀 他篇言語在某紀者並同師古注言解在高紀
紀某紀者並同師古注惠紀云解在高紀
同
皆其證

欲奇此女

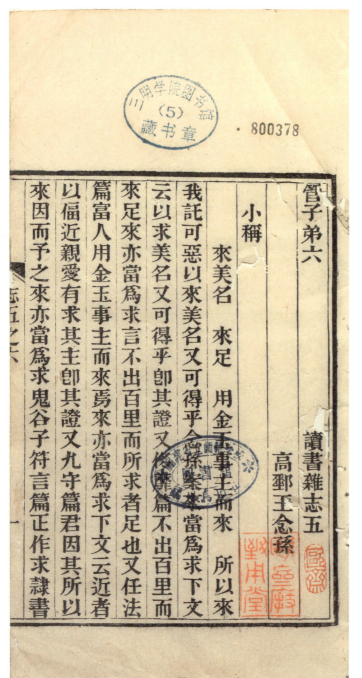

管子弟六

讀書雜志五

高郵王念孫

小稱

來美名 來足 用金玉事主而來 所以來
我託可惡以來美名又可得乎即其證又
云以求美名又可得乎即其證又儉篇富來當為求下文而
來足來亦當為求言不出百里而所求者足也又任法
篇富人用金玉事主而來貨來亦當為求下文云近者
以偪近親愛有求其主即其證又九守篇君因其所以
來因而予之來亦當為求鬼谷子符言篇正作求隸書

右頁（800380）：

墨子書舊無注釋亦無校本蓋誤脫誤不可讀至近時盧氏抱經孫氏淵如始有校本多所是正乾隆吳邵畢氏

侖山重加校訂所正復多於前然尚未該備且多誤改誤釋者子不揣寡復合各本及羣書治要諸書所引

詳爲校正是書傳刻之本唯道藏本爲最優其藏本未

誤而佗本皆誤及盧畢孫三家已加訏董省皆不復羅

列唯舊校所未及所校尚有未當者復加考正是書

錯簡甚多盧氏所已改者唯辭過篇一條其尚賢下篇

尚同中篇兼愛中篇非樂上篇非命中篇及備城門備

穴二篇皆有錯簡自十餘字至三百四十餘字不等見

左頁（800379）：

晏子春秋舊無注釋故多脫誤乾隆戊申孫氏淵如始

校正之爲撰音義多所是正然尚未該備且多誤改者

盧氏抱經羣書拾補據其本復加校正較孫氏爲優矣

而尚未能盡善嘉慶甲戌淵如復得元刻影鈔本以贈

吳氏尚山尊屬顧氏澗薲校而刻之其每卷首皆有

總目又各標於本篇之上悉復劉子政之舊誠善本也

澗薲以此書贈予嵗子年八十矣以得觀爲幸因復合

諸本及羣書治要諸書所引詳爲校正其元本未誤而

各本皆誤及盧孫二家已加訂正者皆世有其書不復

羅列唯舊校所未及所校尚有未確者復加考正其

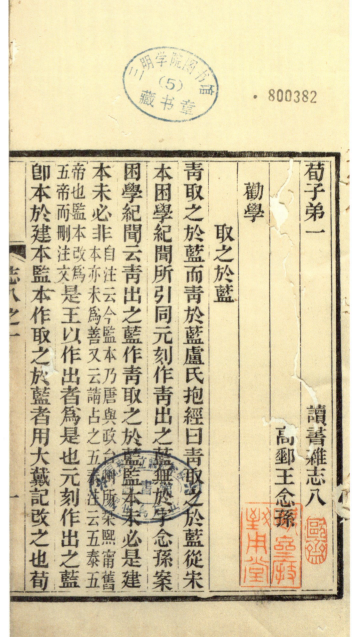

荀子弟一

勸學

取之於藍

讀書雜志八

高郵王念孫

青取之於藍而青於藍盧氏抱經曰青取之於藍從朱
本困學紀聞所引同元刻作青出之藍無於字念孫案
困學紀聞云青出之藍作青取之於藍乃唐與政台卿舊
本未必非本亦未為善又云諸占之五泰五
帝也監本改為是王以作出者為是也元刻作出之藍
五帝而刪注文
卽本於建本監本作取之於藍者用大戴記改之也荀

淮南內篇弟一

原道

旋縣 縣矣

讀書雜志九

高郵王念孫

旋縣而不可究纖微而不可勤高
盡也念孫案諸書無訓縣為小者縣字之誤也
隸書縣字或作縣縣字或作縣二形相似故縣誤為縣
漢縣竹令王君神道闕字作縣是其證也荀子彊國篇
令曰楚縣吾前史記孝文紀歷
日縣長今本縣字竝誤作縣
不絕蔓蔓若何說文縣聯微也廣雅縣小也故高注亦
訓為小旋亦小也方言臟短也郭璞曰便旋庫小貌臟

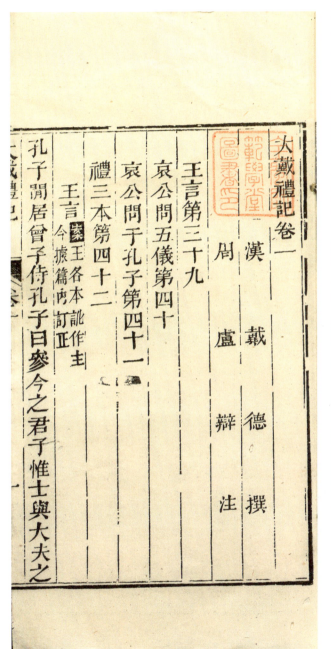

014 武英殿聚珍版書一百四十八種 （清）高宗弘曆敕修
（清）金簡輯　清乾隆四十二年（1777）福建刻道光同治遞修光緒
二十一年（1895）增補本
框高 21.5 釐米，寬 13.6 釐米。半葉九行，行二十一字，白口，四
周雙邊，單魚尾。鈐"歐齋庋致用堂""穎卡""壽圖之印"等印。

欽定四庫全書提要

兩漢刊誤補遺十卷

宋吳仁傑撰仁傑有易圖說已著錄是書前有淳
熙己酉曾絲序稱仁傑知羅田縣時自刊板又卷
末有慶元己未林瀛跋稱陳虔英為刊於全州郡
齋殆初欲刊而未果抑虔英又重刊歟舊刻久佚
此本乃朱彝尊之子昆田抄自山東李開先家因
傳於世據其標題當為劉攽兩漢書刊誤而作而
書中乃兼補正劉攽劉奉世之說考趙希弁讀書

兩漢刊誤補遺目錄

第一卷

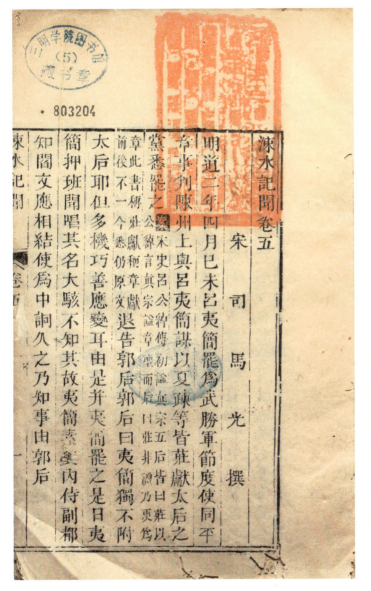

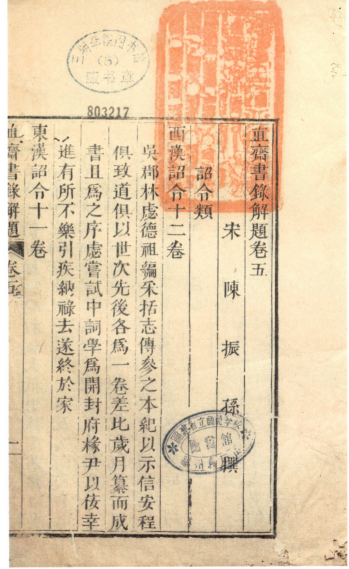

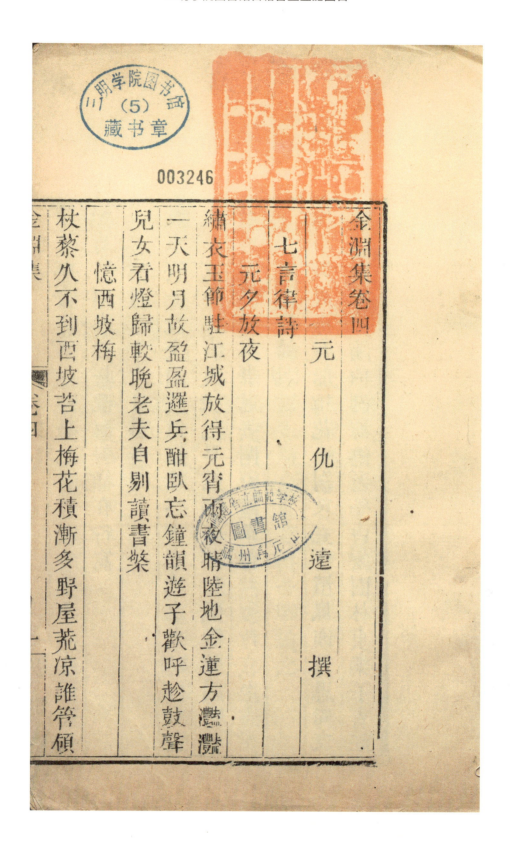

金淵集卷四

七言律詩

元夕放夜

元仇遠撰

繡衣玉節駐江城放得元宵兩夜晴陸地金蓮方灩灩

一天明月故盈盈邏兵酣臥忘鐘韻遊子歡呼趁鼓聲

兒女看燈歸較晚老夫自別讀書檠

憶西坡梅

杖藜久不到西坡苔上梅花積漸多野屋荒涼誰管領

西漢年紀卷之一

宋王益之撰

郡後學胡鳳丹月樵校梓

高祖

高祖劉氏諱邦字季沛豐邑中陽里人也亡避吏與

樊噲俱隱於芒碭山澤間噲傳此語見呂后常知其處云

季所在上常有赤色雲氣占氣者曰東南有天子氣

史記高祖紀載秦始皇帝

史記本紀之異曰東遊以厭之恐非事實班氏削于

秦始皇乃東遊以厭之異日東南有天子氣于是因

當曰東南有天子氣于是因東遊以厭之恐非事實

疑亡匿隱于芒碭山澤巖石之間高祖即自

山澤中蓋得之矣東遊事紀于其後亦是也今從避之吏于

去郎自疑三字而荀悅漢紀獨書曰高祖亡

漢書曰高祖即自

漢年紀高祖一

退補齋

015 金華叢書六十二種　（清）胡鳳丹輯　清同治至光緒永康
胡氏退補齋刻本
框高 19.9 釐米，寬 13.0 釐米。半葉九行，行二十字，小字雙行同，
白口，四周雙邊，單魚尾。鈐"歐齋廄致用堂"等印。

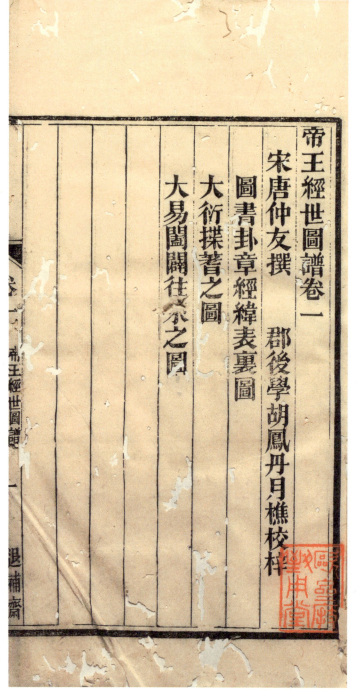

帝王經世圖譜卷一

宋唐仲友撰 郡後學胡鳳丹月樵校梓

圖書卦章經緯表裏圖

大衍揲著之圖

大易闔闢往來之圖

進唐鑑表

臣祖禹言臣竊以自昔下之戒上臣之戒君必以古
驗今以前示後禹益之於舜則言其所無于伏于樂
書大禹謨益曰吁戒哉罔失法度罔游于逸罔淫于樂
慢遊是好傲虐是作惟周召之於成王則相古先民
歷年隆命書召誥相古先民夏迪從子保面稽
天若今既時厥命又有夏相迪有殷迪有今天迪
命惟有歷年今相有殷乃命惟敬厥德延有夏不
敢厥命面稽天若不敢知曰不其延惟不敬厥德
不敢知曰我不其延惟不敬厥德乃早墜厥命
於前皆所以進哲德而養聖功也臣祖禹誠惶誠懼
陳

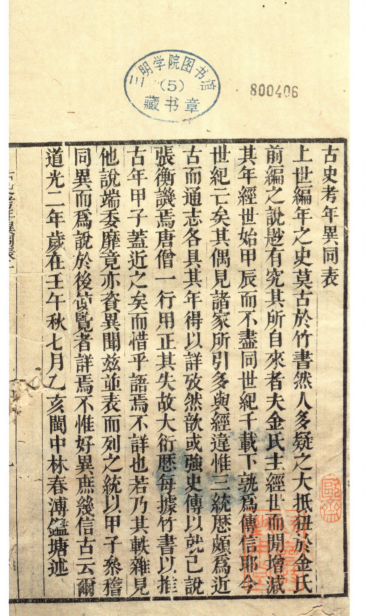

016 竹柏山房十五種附刻四種 （清）林春溥撰 清嘉慶至咸

豐閩縣林氏刻本

框高18.2釐米，寬14.1釐米。半葉十二行，行二十二字，小字雙行同。鈐"歐齋庋致用堂""潁朱""壽圖之印""歐齋"等印。

春秋經傳比事序

傳春秋者左氏尚矣自杜元凱始分經之年與（傳相附讀
者便之元明以來又有分年之事與傳相比者如郝經之
春秋三傳折衷安熙之春秋左氏傳
始止齋陳氏而
取止齋陳氏之說附於後鄭氏次公羊穀梁胡氏而
之春秋類編李廷機之左傳綱目鄭玉之春秋經傳闕疑陳氏
惟鄭李二書尚存余惜未見也今坊刻有吳蘭陔鑒定之
春秋左傳例既不純和張岐然春秋五傳為藍本者然其經
出入三傳例既不純余向讀左傳每苦其繁思稍節以為讀本
失倫非姜本也余向讀左傳每苦其繁思稍節以為讀本
久而次其始末而後知其不可刪也非惟不可刪其有經
無傳者且惜其略也於是參之公穀以廣其義附以國語

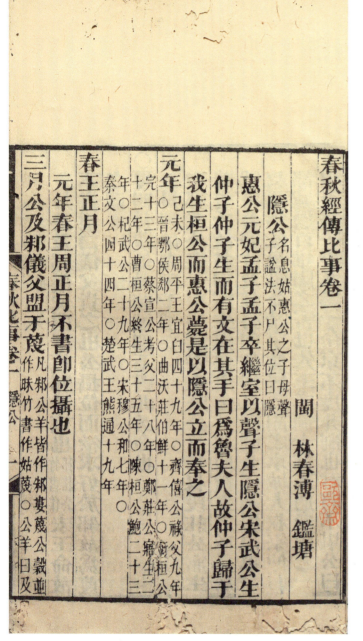

春秋經傳比事卷一

　　　　　　　　　閩
　　　　　林春溥　鑑塘

隱公（名息姑惠公之子母聲
子諡法不尸其位曰隱）

惠公元妃孟子孟子卒繼室以聲子生隱公宋武公生
仲子仲子生而有文在其手曰為魯夫人故仲子歸于
我生桓公而惠公薨是以隱公立而奉之

元年己未○周平王宜臼四十九年○齊僖公祿父九年
　○晉鄂侯郄二年○曲沃莊伯鱓十一年○衛桓公完
　十三年○蔡宣公考父二十八年○鄭莊公寤生二十三
　年○曹桓公終生三十五年○陳桓公鮑二十三
秦文公四十四年○宋穆公和七年
○楚武王熊通十九年

春王正月

元年春王周正月不書即位攝也

三月公及邾儀父盟于蔑（凡邾公羊皆作邾婁蔵公穀並
作昧竹書作姑蔑○公羊曰及

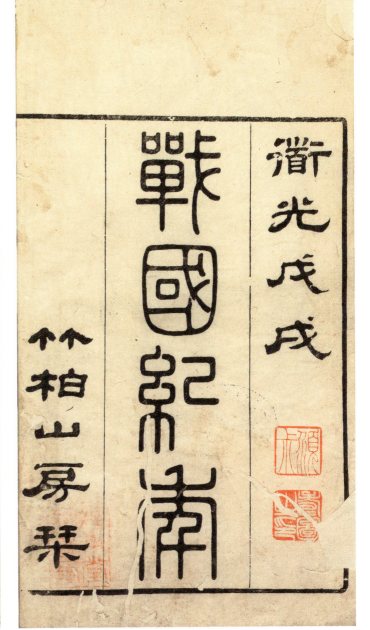

戰國紀年序

余蓋讀史至周秦之際未嘗不廢書而歎也曰世道升降
之大機由於此矣王澤一竭而不復道統一絕而無傳自
封建井田學校諸大政以及民間禮俗一切委曲繁重範
圍維繫之意二百餘年而決裂殆盡後有作者雖理君賢
相慨然欲復三代之治而卒不可得論者從罪商鞅之變
法始皇之焚書而不知其壞之非一日北宮
之間班爵畢戰之問井地會滕之莫行一年喪非其爵之
久歟魏中山初築長城趙武靈始教騎射豈獨泰之葛古
耶是故紀人事明王道莫大乎春秋考世變窮末流莫甚
於戰國春秋之有經傳至矣戰國時方多故而諸侯史記
滅於秦火史公捃拾於泰記於煨燼之餘僅存什一於千百

衢光戊戌

戰國紀事

竹柏山房梓

少時家鮮藏書偶於友人案上見廿一種祕書乃得讀竹
書紀年而好之從其借鈔目喜且駭愛廿古而未足爲信
也詢諸博雅則皆以爲出自後六經非原書故考
據家無取焉於是廢而不講者有年旣乃泛濫百家浸淫
傳註見夫郭景純酈道元司馬貞臣瓚玉劭李善諸家以
及十三經正義太平御覽之所徵引往往足以正其脫誤
證其異同補其缺略而後知此書之流傳後人不
以爲意聽其斷爛不修而補之證之之不可以已也然尚
以堯元丙子與世史枘鑿爲疑乃取邵子皇極經世之說
究所自來證以皇甫謐之帝王世紀劉歆之三統歷鄭樵
之通志而折衷於史記魯世家之年而後知紀年之有合
而邵子經世之無徵不信未足爲典據也明代黃石齋糕

　　竹書己年補登序
　　一

　　竹書本末

杜預左傳後序曰太康元年三月吳寇始平予自江陵還
襄陽解甲休兵乃申舒舊意修成春秋釋例及經傳集解
始詫會汲郡汲縣有發其界內舊冢者大得古書皆簡編
科斗文字發冢者不以爲意往往散亂科斗書人廢推尋
不能盡通始者藏在祕府余晩得見之所記大凡七十五
卷多雜碎怪妄不可訓知周易及紀年最爲分了周易上
下篇與今正同別有陰陽說而無彖象文言繫辭疑於時
仲尼造之於魯尚未播之於遠國也其紀年篇起自夏殷
周皆三代王事無諸國別惟特記晉國起自殤叔次文侯
昭侯以至曲沃莊伯莊伯之十一年十一月魯隱公之元
年正月也皆用夏正建寅之月爲歲首編年相次晉國滅

　　竹書太末
　　一

嘉慶丙子開雕

孔門師弟事實考

孔門師弟事實考

竹柏山房藏板

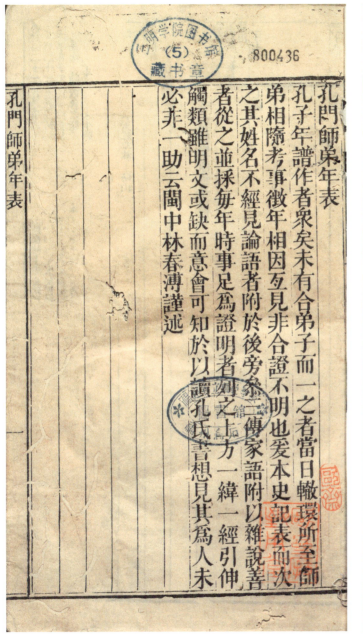

孔門師弟年表

孔門師弟年表

孔子年譜作者眾矣未有合弟子而一之者當日轍環所至師
弟相隨考事徵年相因互見非合證不明也爰本史記表而次
之其姓名不經論語者附於後旁參二傳家語附以雜說善
者從之並採每年時事足為證明者列之上方一緯一經引伸
觸類雖明文或缺而意會可知於以顧孔氏書想見其為人未
必非一助云閩中林春溥謹述

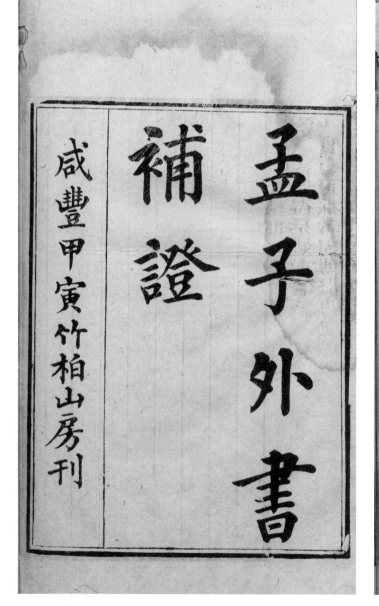

孟子外書

補證

咸豐甲寅竹柏山房刊

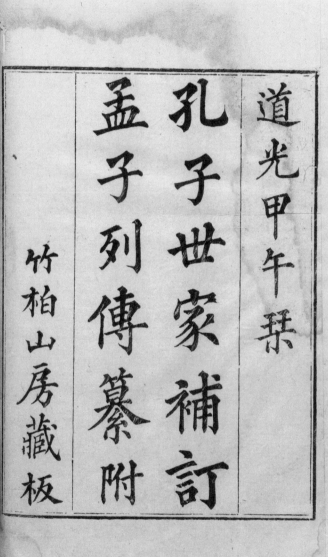

道光甲午槧

孔子世家補訂

孟子列傳纂附

竹柏山房藏板

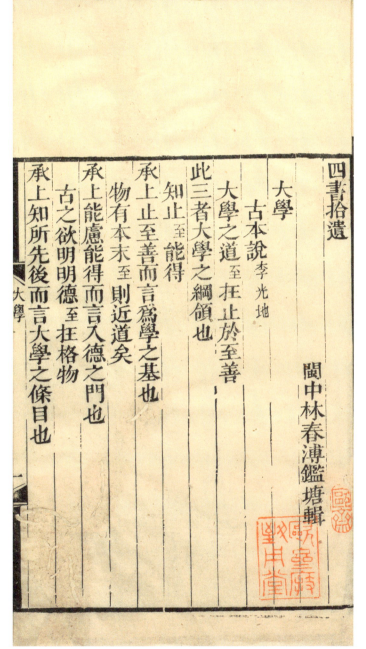

四書拾遺

閩中林春溥鑑塘輯

大學

古本說　李光地

大學之道　至　在止於至善

此三者大學之綱領也

知止　至　能得

物有本末　至　則近道矣

承上止至善而言爲學之基也

承上能慮能得而言入德之門也

古之欲明明德　至　在格物

承上知所先後而言大學之條目也

道光甲午開雕

四書拾遺

竹柏山房藏板

古書拾遺敘

自羲皇肇畫書契代典墳上索忘編金匱石室之學奧矣博矣易之有三□書與詩之各三千餘篇也禮儀三百威儀三千史記寶書百二十國幾於竆矣莫殫累世莫究於是孔子斷遠取近去其重取可施於禮義者以為世法故讚易道以黜八索逑職方以除九丘上書定百篇詩存三百春秋筆削萬八千言蓋此外所遺者多矣逮遭秦火典籍銷亡漢求遺經伏書祗存二十九篇孔壁增其十六古禮五十六篇□籍蓬餘十七記二百四篇戴聖删為四十九六官缺其一笙詩亡其六夏五郭公傳疑莫補則其所遺者益多矣然王充論衡有云秦雖無道不焚諸子故其零章斷□句尚有存者漢晉近古頗逑舊文唐人纂錄多引

咸豐癸丑

古書拾遺

竹柏山房刊

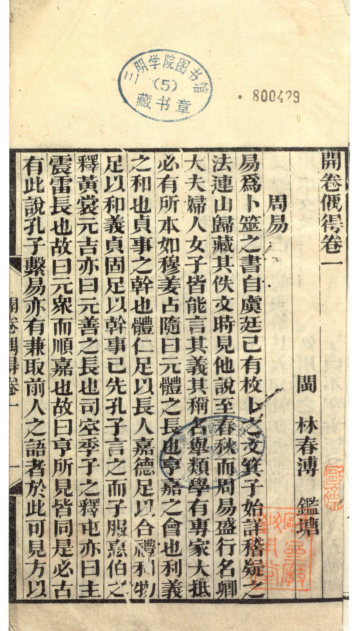

開卷偶得卷一

周易

閩　林春溥　鑑瑭

易爲卜筮之書自虞廷已有枚卜之文箕子始詳稽疑之
法連山歸藏其佚文時見他說至春秋而周易盛行名卿
大夫婦人女子皆能言其義其稱名纂類學有專家大抵
必有所本如穆姜占隨曰元體之長也亨嘉之會也利義
之和也貞事之幹也體仁足以長人嘉德足以合禮利物
足以和義貞固足以幹事已先孔子言之而子服惠伯之
釋黃裳元吉亦曰元善之長也司空季子之釋屯亦曰主
震雷長也故曰元衆而順嘉也故曰亨所見皆同是必古
有此說孔子繫易亦有兼取前人之語者於此可見方以

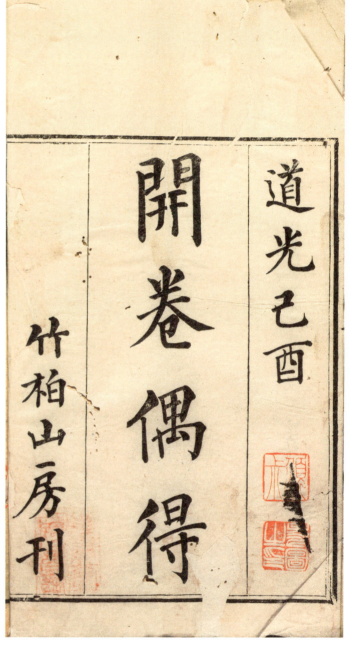

道光己酉

開卷偶得

竹柏山房刊

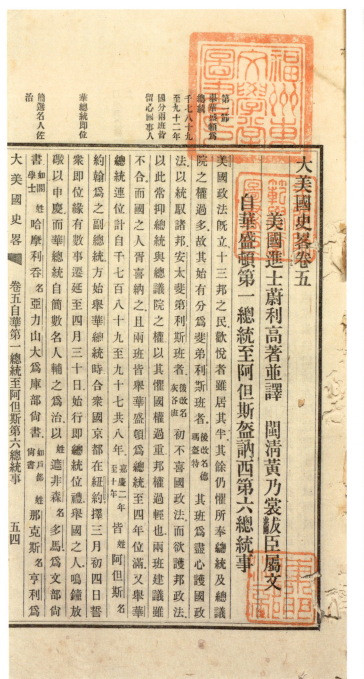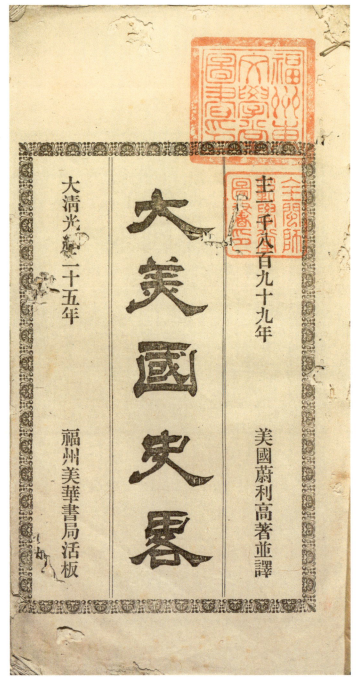

017 大美國史略八卷 （美）蔚利高著並譯 清光緒二十五年
（1899）福州美華書局石印本
框高 19.5 釐米，寬 13.1 釐米。半葉十四行，行二十九字，白口，
四周雙邊，單魚尾。鈐"福州東文學堂圖書印"等印。

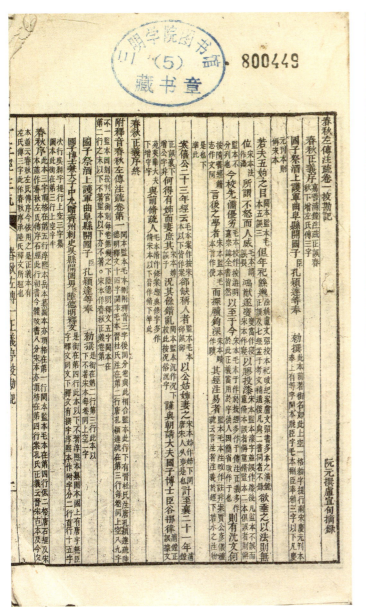

018 重刊宋本十三經注疏附校勘記　（清）阮元撰　（清）盧
宣旬摘錄　清光緒十三年（1887）上海脈望仙館石印本
框高 15.0 釐米，寬 11.3 釐米。半葉二十行，行三十四字，小字雙
行四十六字，白口，四周單邊，單魚尾。鈐“全閩師範學堂圖書印”
等印。

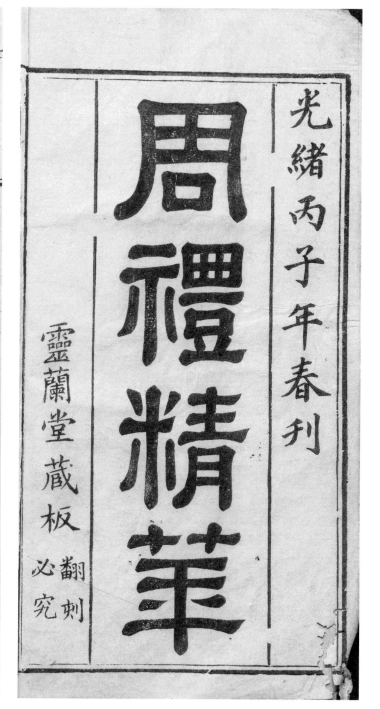

光緒丙子年春刊

周禮精華

靈蘭堂藏板

翻刻必究

周禮精華卷第一

侯官 陳龍標虛舟編輯

光趨堂藏板

天官冢宰

王者奉天道。理天下。故曰天王冢宰佐王以奉天道也。故官皆言司。冢宰者大也。宰者制也。言其所制者大也。他官皆言司。冢宰。不言司者。諸官各有專掌。冢宰則兼綜六官也。宗伯亦不言司者。以祭祀鬼神非人所得主也。

建立也。辨方考日景以別四方正位正前朝後市左祖右社之位體猶分也。經猶畫也設官惟王建國。辨方正位。體國經野。設官分職。以為民極。

天官並列于六官。猶易乾坤之于六子也。天地四時一不其卽覆載生成之德有偏故論職雖異而論功則同管諸風雨露雷藏合而歲功成也其而化工宣生長收王總立而後根本定。

周禮豆精華一卷之一

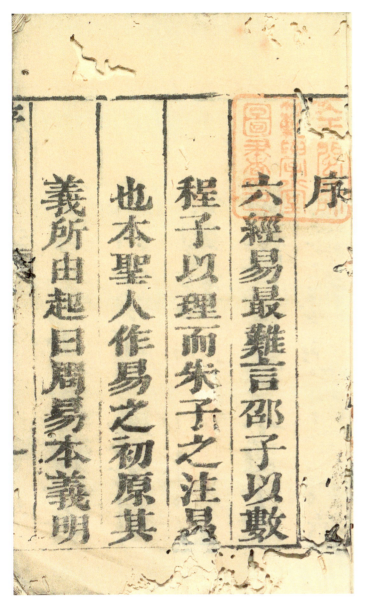

020 四書朱子本義滙叅四種 （清）王步青撰　清乾隆十年
(1745) 敦復堂刻本
框高13.0釐米，寬9.9釐米。半葉八行，行十八字，白口，左右雙邊，
單魚尾。鈐"全閩師範學堂圖書印"等印。

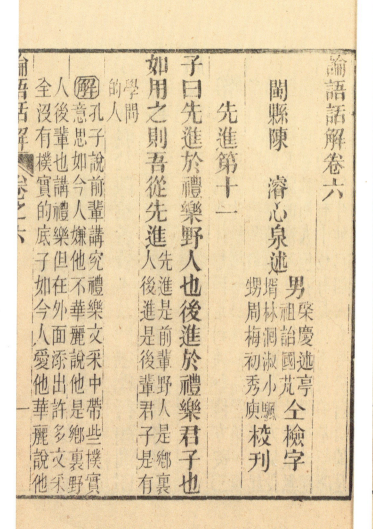

021 論語話解十卷 （清）陳澧撰　清光緒五年（1879）刻本

框高 17.2 釐米，寬 13.5 釐米。半葉九行，行十七字，小字雙行同，
白口，左右雙邊，單魚尾。鈐"全閩師範學堂圖書印"等印。

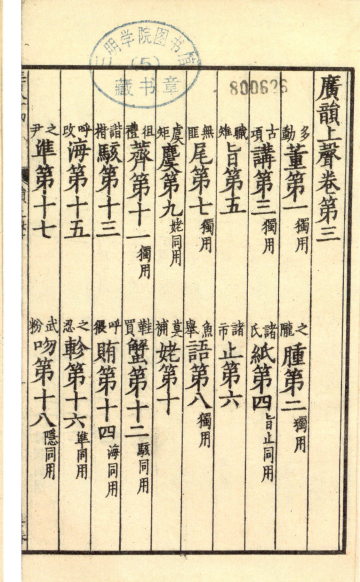

廣韻上聲卷第三

董第一 獨用
腫第二 獨用
講第三 獨用
紙第四 旨止同用
旨第五
止第六
尾第七 獨用
語第八 獨用
麌第九 姥同用
姥第十
薺第十一 獨用
蟹第十二 駭同用
駭第十三
賄第十四 海同用
海第十五
軫第十六 準同用
準第十七
吻第十八 隱同用

---

022 廣韻五卷 （宋）陳彭年等撰　清末刻本

框高 15.8 釐米，寬 11.0 釐米。半葉十行，字數不一，白口，左右雙邊，單魚尾。鈐"全閩師範學堂圖書印"等印。

023 繹史一百六十卷世系圖一卷年表一卷　（清）馬驌撰

清同治十五年（1889）刻本

框高 18.80 釐米，寬 14.3 釐米。半葉十一行，行二十四字，白口，
左右雙邊。鈐“全閩師範學堂圖書印”等印。

大清帝國全圖目錄

第一圖　大清帝國
第二圖　直隸省
第三圖　盛京省
第四圖　吉林省
第五圖　黑龍江省
第六圖　山東省
第七圖　山西省
第八圖　河南省
第九圖　江蘇省
第十圖　安徽省
第十一圖　江西省
第十二圖　福建省
第十三圖　浙江省

第十四圖　湖北省
第十五圖　湖南省
第十六圖　陝西省
第十七圖　甘肅省
第十八圖　新疆省
第十九圖　四川省
第二十圖　廣東省
第二十一圖　廣西省
第二十二圖　雲南省
第二十三圖　貴州省
第二十四圖　內外蒙古
第二十五圖　青海西藏

---

024 大清帝國全圖不分卷　（清）上海商務印書館編繪　清光
緒三十四年（1908）五色彩印本
框高 25.7 釐米，寬 19.5 釐米。彩色。鈐“全閩師範學堂圖書印”
等印。

右頁

繹志卷九

竟陵石莊胡承諾譔

三禮篇第三十

禮有五經莫重於祭所以昭孝格祖通於神明也書目
肆類於上帝禋於六宗望於山川徧於羣神此事神之
目也曲禮曰天子祭天地四方山川五祀歲徧諸侯方
祀山川五祀歲徧大夫祭五祀歲徧士祭其先此行禮
之等也祭法曰聖王之制祭祀也法施於民則祀之以
死勤事則祀之以勞定國則祀之以能禦大災則祀之能
捍大患則祀之又曰日月星辰民所瞻仰也山林川谷

繹志　卷九　三禮　一

左頁

繹志卷十

竟陵石莊胡承諾譔

兵略篇第三十四

兵者古司馬之職王官之武備也唐虞以前尚矣經傳
所載所以容民畜眾言得眾之道不在兵力懾伏也又
曰伏至險於大順以此毒天下而民從之蓋兵者危地
故謂之險不得已而用之故謂之毒如毒藥之治病不
可恆服者也聖王之師恭行上天之罰克終前人之烈
救民水火之中詰姦暴之害謹內外之辨是以反道敗
德畔官離次威侮五行怠棄三正者則征之率遏民力

繹志　卷十　兵略　一

025 繹志十九卷附札記一卷　（清）胡承諾撰　清光緒十七年
（1891）三餘草堂刻本
框高 18.1 釐米，寬 13.3 釐米。半葉十行，行二十一字，白口，左
右雙邊，單魚尾。鈐“全閩師範學堂圖書印”等印。

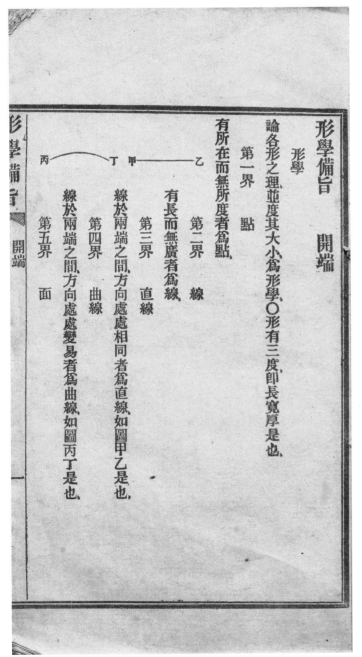

026 形學備旨十卷開端一卷 （美國）狄考文選譯 （清）鄒

立文筆述 清光緒三十年（1904）上海美華書館鉛印本

框高 20.1 釐米，寬 13.7 釐米。半葉十二行，行三十四字，小字雙

行同，白口，四周雙邊，單魚尾。鈐"全閩師範學堂圖書印"等印。

御書碑文一道

原任福建總督加　　贈太子太保兵部尚書諡忠貞范承謨

碑文

朕惟朝廷簡界重臣授以封疆之任平時則竭誠殫力以靖厥職猝逢事變則有凜乎不可犯確然不可奪之節舍生取義流光天壤古所謂不二之臣如此而已爾范承謨名臣之子奮迹甲科入侍禁林出典節鉞咸有聲績著於當官洎閩疆荐鎮之年值狂寇起門庭禍生肘腋智未及施勇不暇展而爾志恥偷生義無苟免奮身罵賊誓不共天遂致闔室幽囚三年拘繫阻敚其衣食迫督以甲兵兇燄彌張貞操愈勁卒

027 范忠貞公全集四卷首一卷附錄一卷　（清）范承謨撰
（清）龍錫慶編　清光緒二十一年（1895）刻本
框高20.5釐米，寬14.0釐米。半葉十行，行二十四字，小字雙行同，黑口，左右雙邊，單魚尾。鈐"全閩師範學堂圖書印"等印。

佩文韻府卷四十九　上聲　十九皓韻

028 欽定佩文韻府一百六卷韻府拾遺一百六卷　（清）張玉書等編　（清）張廷玉等拾遺　清光緒十三年（1887）同文書局影印本

框高 16.0 釐米，寬 11.6 釐米。半葉二十四行，行五十字，小字雙行同，白口，四周雙邊，單魚尾。鈐"福建師範學校圖書印"等印。

家範典第四十五卷

乳母部總論

禮記　曾子問

子游問曰喪慈母如母禮與孔子曰非禮也古者男子外有傅內有慈母君命所使教子也何服之

有　注妾之無子者養妾子之無母者謂之慈母　全臨川吳氏曰按禮經傳記所言慈母有二其一

大夫士之子有服之慈母者儀禮喪服篇齊衰三年章云慈母如母者是也其一國君子生擇諸

母使爲子師其次爲慈母其次爲保母者是也子游所問蓋指禮經如母之慈母言夫子所答則

以內則如傅之慈母言也

內則

國君世子生卜士之妻大夫之妾使食子　陳　注食子謂乳養之也　全大慶源輔氏曰諸母則擇之乳母

則卜之者豈非性情之發尚猶有可見而血氣之相宜有不可知者耶

異爲孺子室于宮中擇于諸母與可者必求其寬裕慈惠溫良恭敬慎而寡言者使爲子師其次爲

今圖書集成

明倫彙編家範典第四十五卷乳母部總論之一

029　古今圖書集成一萬卷目録四十卷　（清）陳夢雷　（清）
蔣廷錫等編　清光緒二十年（1904）鉛印本
框高15.0釐米，寬11.0釐米。半葉十二行，行三十八字，白口，
四周單邊，單魚尾。鈐"福建師範學校圖書印"等印。

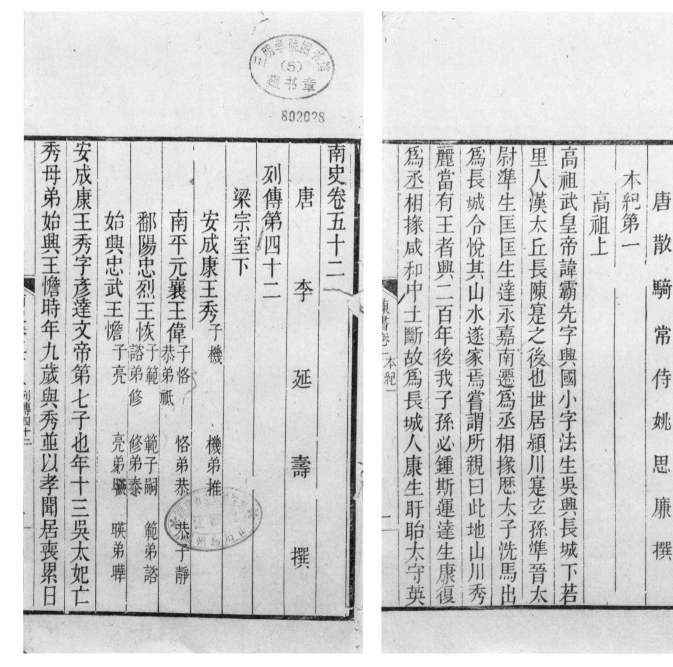

南史卷五十二

唐　李延壽　撰

列傳第四十二

梁宗室下

安成康王秀子機
　　　　　機弟推
南平元襄王偉子恪
　　　　　恪弟恭
　　　　　恭子靜
郡陽忠烈王恢子範
　　　　範子嗣
　　　　修弟泰
始興忠武王憺子亮
　　　　亮弟暎
　　　　暎弟曄
安成康王秀字彥達文帝第七子也年十三吳太妃亡
秀母弟始興王憺時年九歲與秀並以孝聞居喪累日

陳書卷一

唐　散騎常侍姚思廉撰

本紀第一

高祖上

高祖武皇帝諱霸先字興國小字法生吳興長城下若
里人漢太丘長陳寔之後也世居潁川寔玄孫準晉太
尉準生匡匡生達永嘉南遷為丞相掾太子洗馬出
為長城令悅其山水遂家焉嘗謂所親曰此地山川秀
麗當有王者與二百年後我子孫必鍾斯運達生康復
為丞相掾咸和中土斷故為長城人康生盱眙太守英
為

030　粵刻本二十四史　（南朝梁）沈約撰　清同治八年（1869）

廣東菊古堂刻本

框高21.3釐米，寬15.4釐米。半葉十行，行二十一字，白口，左右雙邊，單魚尾。鈐"福建師範學校圖書印"等印。

北史卷十九

唐　李延壽　撰

列傳第七

文成五王　獻文六王　孝文六王

文成皇帝七男元皇后生獻文皇帝李夫人生安樂

厲王長樂曹夫人生廣川莊王略沮渠夫人生齊郡順

王簡乙夫人生河間孝王若悅夫人生安豐匡王猛玄

夫人生韓哀王安平早薨無傳

安樂王長樂興四年封建昌王後改封安樂王長樂

性凝重獻文器愛之承明元年拜太尉出為定州刺史

舊唐書卷一

後晉司空同中書門下平章事劉　昫　撰

本紀第一

高祖

高祖神堯大聖大光孝皇帝姓李氏諱淵其先隴西狄

道人涼武昭王暠七代孫也暠生歆歆生重耳仕魏為

弘農太守重耳生熙為金門鎮將領豪傑鎮武川因家

焉儀鳳中追尊宣皇帝熙生天錫仕魏為幢主大統中

贈司空儀鳳中追尊光皇帝皇祖諱虎後衛左僕射封

隴西郡公與周文帝及太保李弼大司馬獨孤信等以

舊唐書卷一本紀一

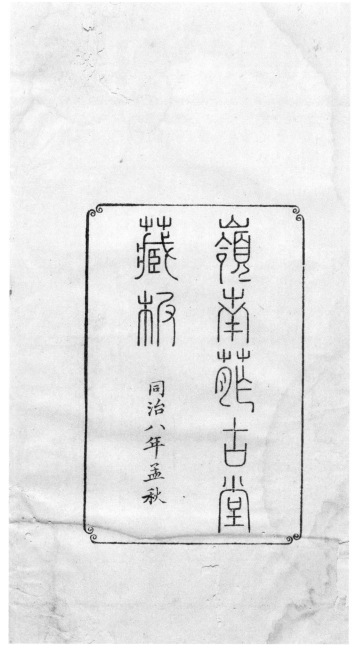

唐書卷二

宋翰林學士歐陽脩撰

本紀第二

太宗文武大聖大廣孝皇帝諱世民高祖次子也母曰

太穆皇后竇氏生而不驚方四歲有書生謁高祖曰公

在相法貴人也然必有貴子及見太宗曰龍鳳之姿天

日之表其年幾冠必能濟世安民書生已辭去高祖懼

其語泄使人追殺之而不知其所往因以爲神乃採其

語名之曰世民大業中突厥圍鴈門煬帝鴈門煬帝從圍中

以木繫詔書投汾水而下募兵赴援太宗時年十六往

唐書卷三

宋翰林學士歐陽脩撰

本紀第三

高宗天皇大聖大弘孝皇帝諱治字爲善太宗第九子

也母曰文德皇后長孫氏始封晉王貞觀七年遙領并

州都督十七年太子承乾廢而魏王泰次當立亦以罪

黜乃立子治爲皇太子太宗嘗命皇太子遊觀習射太

子辭以非所好願得奉至尊居膝下太宗大喜乃營寢

殿側爲別院使太子居之太宗每視朝皇太子常侍觀

決庶政二十三年太宗有疾詔皇太子聽政於金液門

舊五代史卷一

宋門下侍郎參知政事監修國史薛居正等撰

梁書第一

太祖紀一

太祖神武元聖孝皇帝姓朱氏諱晃本名溫宋州碭山
人其先舜司徒虎之後高祖黯曾祖茂琳祖信父誠帝
卽誠之第三子母曰文惠王皇后

虎四十二代孫開平元年七月追尊元皇帝諱黯廟號肅祖
祖興極陵范氏開平元年七月追尊光皇帝諱茂琳廟號敬祖
葬興極陵宣僖皇后
日宣僖皇后葬永安陵
敬祖葬永安陵宣憲祖開平元年七月追尊光皇帝諱信廟號憲祖
日光孝皇帝葬光天陵
憲祖葬光天陵烈祖文穆皇帝諱誠昭武皇帝長子母

多
羅
質
郡
王臣永瑢等謹

奏爲舊五代史編次成書恭呈

御覽事臣等伏案薛居正等所修五代史原由官撰成
自宋初以一百五十卷之書括八姓十三主之事
其有本末可爲鑒觀雖值一時風會之衰體格尚
沿于冗弱而垂千古廢興之迹異同足備夫參稽
故以楊大年之淹通司馬光之精確無不資其賅
之比乃徵唐事者並傳天福之本而攷五代者惟
貫據以編摩求諸列朝正史之間實亦劉昫舊書
行歐陽之書致此逸文寖成墜簡閱沈淪之巳久

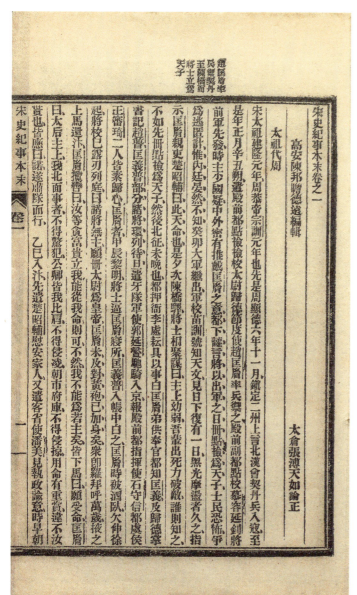

031 歷朝紀事本末九種 （清）朱記榮輯 清光緒十四至
二十八年（1888—1902）上海書業公所、著易堂書局鉛印本
框高 15.4 釐米，寬 11.1 釐米。半葉十五行，行四十字，小字雙行
同，白口，四周雙邊，單魚尾。鈐"福建師範學校圖書印"等印。

光緒壬寅仲春
月上海著易堂
書局校正鑄板

遼史紀事本末

南皮張之洞署

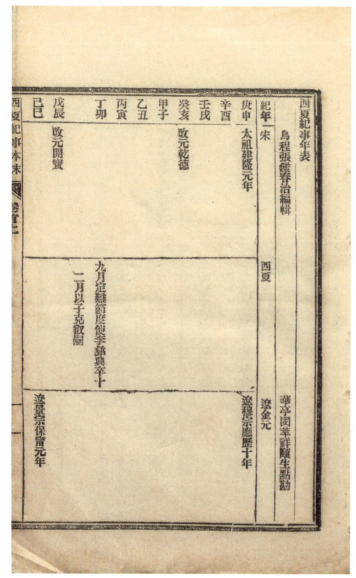

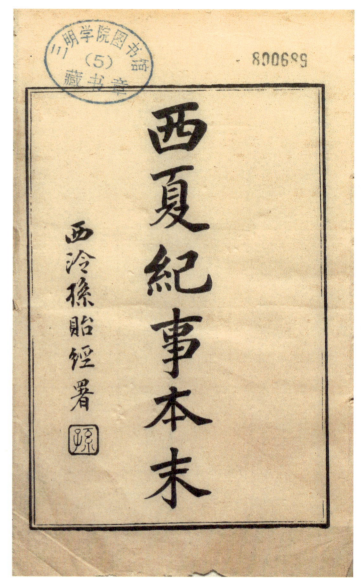

元紀事本末

虞山翁同龢署

元史紀事本末卷之一

高安陳邦瞻德遠編輯

太倉張溥天如論正

江南羣盜之平

世祖至元十七年十二月漳州民陳桂龍兵起福建都元帥完者都等擊走之桂龍及其兄子陳弔眼有衆數萬屯高安岩據之朝廷命完者都及副帥高興討之時建寧賊黃華勢尤倡獗完者都先引兵壓其境華驚懼乞降完者都奏以華爲副元帥凡軍行悉以畀之桂龍等乘高爲險人莫敢進與命人挾束薪進至牛山寨薪走如是六日誘其矢石皆盡乃藉薪焱山斬首二萬級桂龍遁走畬洞

十九年夏四月陳桂龍既降陳弔眼猶擁衆連五十餘砦未下高興等斬之桂龍等遂師其黨來降詔流桂龍於邊地。十二月獲福州叛賊林天成戮於市。

二十年三月廣州新會林桂方趙民鈐等擁衆萬餘號羅平國稱延康年號掠海上合剌普等招降之凡九千五百九十二人海道以歸。冬十月建寧路總管黃華賊走自復反聚衆十萬號頭陀軍稱宋祥興年號破崇安浦城諸縣復攻建寧詔史弼等引兵急擊之華賊走自焚餘黨悉潰。

二十一年二月漳州盜起邕州賓州梧州韶州衡州民黃大成等相延爲亂命湖南宣慰使撒里蠻將兵討之。詔遷宋宗室及大臣之任者于內地時荊湖閩廣之間兵與無寧歲有言宋宗室居江南欲反者

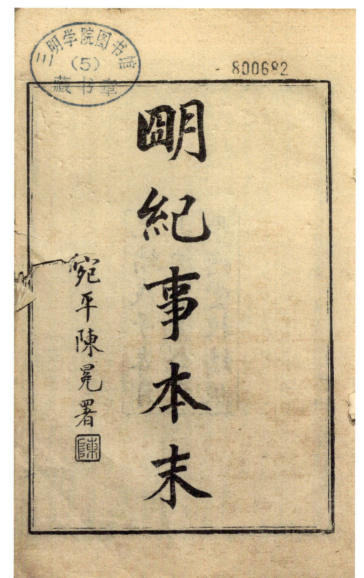

三藩紀事本末

歸安沈東成署

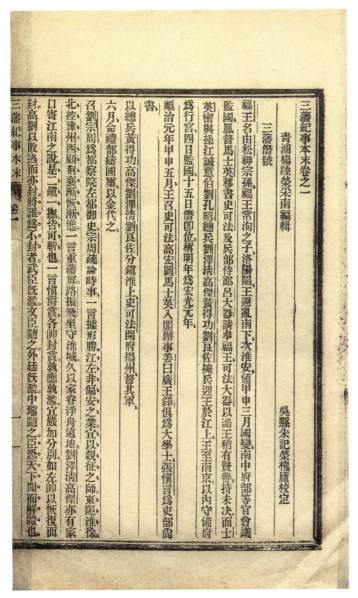

三藩紀事本末卷之一

青浦楊陸榮采南編輯

吳縣朱記榮槐廬校定

三藩僭號

福王名由崧神宗孫福王常洵之子洛陽陷王避亂南下次淮安值甲申三月國變南中府部等官會議

監國鳳督馬士英移書史可法及兵部侍郎呂大器請奉福王稱有賢譽持未決而士

英密與操江誠意伯劉孔昭總兵劉澤清高傑黃得功劉良佐擁兵迎王於江上王至南京以內守備府

爲行宮四日監國十五日僭即位稱明年爲弘光元年

順治元年甲申五月王召史可法高宏圖馬士英入閣辦事姜曰廣王鐸俱爲大學士張慎言爲吏部尚

書

以總兵黃得功高傑劉澤清劉良佐分鎮淮上史可法開府揚州督其軍

六月命禮部鑄國璽以金代之

召劉宗周爲都察院左都御史宗周疏論時事一言據形勝江左非偏安之業宜以親征之師東阨淮徐

北控豫州西顧荊襄漸漸進一言重藩屏路振飛坐守淮城久以家眷浮舟遠地劉澤清高傑亦有家

口寄江南之說是二鎮一撫皆可斬也一言愼爵賞各帥封賞執應執濫宜嚴加分別如左帥以恢復而

封高劉以敗逃而亦封將誰爲不封者武臣既濫文臣隨之外廷既濫中璫隨之臣恐天下聞而解體也

三藩紀事本末　卷一

一一

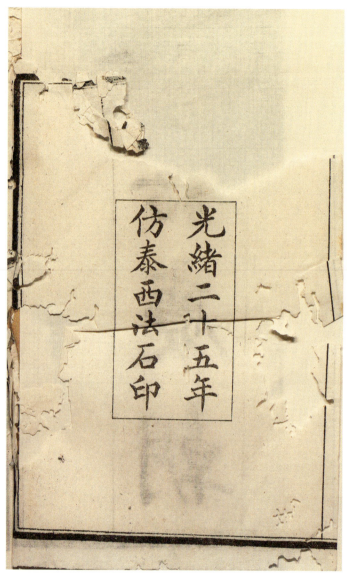

032 十朝東華錄一百卷 （清）王先謙纂 清光緒二十五年

（1899）石印本

框高 16.0 釐米，寬 12.0 釐米。半葉二十四行，行五十字，白口，

四周雙邊，單魚尾。鈐"福建師範學校圖書印"等印。

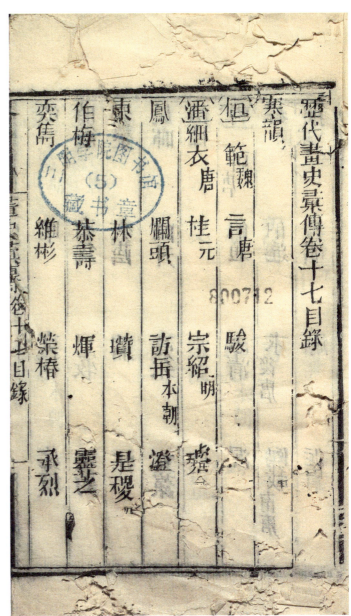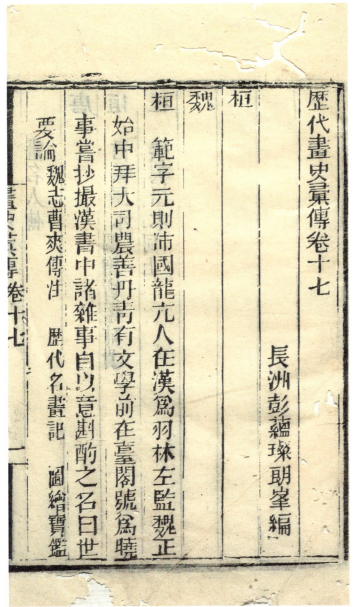

033 歷代畫史彙傳七十二卷附錄二卷 （清）彭蘊璨編 清

光緒八年（1882）刻本

框高14.3釐米，寬10.2釐米。半葉八行，行二十字，小字雙行同，黑口，四周雙邊。鈐"福建師範學校圖書印"等印。

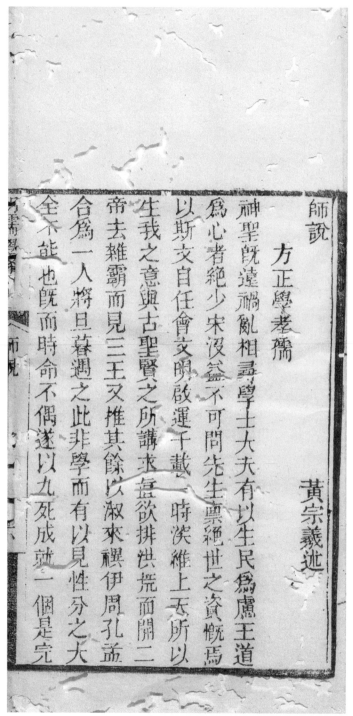

034 明儒學案六十二卷 （清）王宗羲撰 清光緒十四年
(1888) 刻本

框高 16.4 釐米，寬 11.0 釐米。半葉九行，行二十字，小字雙行同，黑口，左右雙邊，單魚尾。鈐"福建師範學校圖書印"等印。

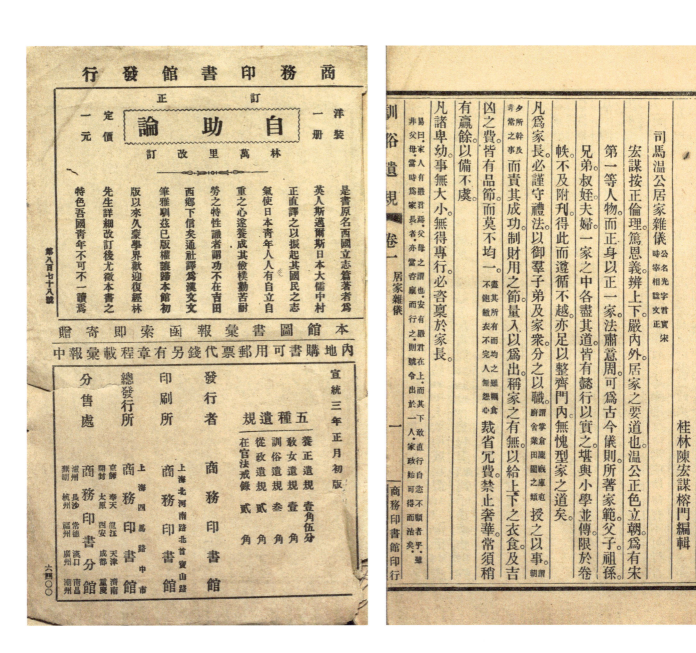

商務印書館發行

正訂

自助論

林萬里改訂

洋裝　一冊

定價　一元

第八百七十八號

六圓〇〇

是書原名西國立志篇著者為
英人斯邁爾斯日本大儒中村
正直譯之以振起其國民之志
氣使日本青年人人有自立自
重之心逶成其儉樸勤苦耐
勞之特性識者謂功不在吉田
西鄉下信炎通社譯為漢文文
筆雅馴茲已版權護歸本館初
版以來久豪學界歡迎復經林
先生詳細改訂後尤徵本書之
特色吾國青年不可不一讀焉

本館地內購書可用郵票代錢另有章程函索即寄贈

宣統三年正月初版

五種遺規

養正遺規　壹角伍分
教女遺規　壹角
訓俗遺規　叁角
從政遺規　貳角
在官法戒錄　貳角

發行者
商務印書館

印刷所
商務印書館

總發行所
上海北河南路北首寶山路
商務印書館

分售處
上海四馬路中市
商務印書館分館

京師　奉天　龍江　天津　渭南
開封　太原　西安　成都　重慶
溫州　長沙　常德　福州　廣州
蕪湖　杭州　漢口　南昌　潮州

訓俗遺規　卷一　居家雜儀

司馬溫公居家雜儀

公名光字君實宋時宰相諡文正

宏謀按正倫理篤恩義辨上下嚴內外居家之要道也溫公正色立朝為有宋第一等人物而正身以正一家法肅意周可為古今儀則所著家範父子祖孫兄弟叔姪夫婦一家之中各盡其道皆有懿行以實之堪與小學並傳限於卷帙不及附刊得此而遵循不越亦足以整齊門內無愧型家之道矣

凡為家長必謹守禮法以御羣子弟及家衆分之以職謂摽掌倉廩庖廩田園之類授之以事

凡諸卑幼事無大小無得專行必咨稟於家長

夕之所幹及非常之事非父母當時為家長者亦當咨稟而行之則號令出於一人家政始可得而治矣

凶之費皆有品節而莫不均一不但飽衣而均食人無觖望心裁省冗費禁止奢華常須稍有贏餘以備不虞

易曰家人有嚴君焉父母之謂也安有嚴君在上而其下敢直行自恣不顧者乎雖

一

商務印書館印行

桂林陳宏謀榕門編輯

訓俗遺規卷之一

035 訓俗遺規四卷補編二卷　（清）陳宏謀撰　清宣統三年
（1911）商務印書館鉛印本
框高 16.3 釐米，寬 11.6 釐米。半葉十三行，行三十三字，小字雙
行同，白口，四周雙邊，單魚尾。鈐"福建師範學校圖書印"等印。

036 震川大全集三十卷別集十卷補集八卷餘集八卷 （明）

歸有光撰　清宣統二年（1910）上海國學扶輪社石印本

框高 15.8 釐米，寬 11.5 釐米。半葉十六行，行三十字，白口，四周雙邊，單魚尾。鈐“福建師範學校圖書印”等印。

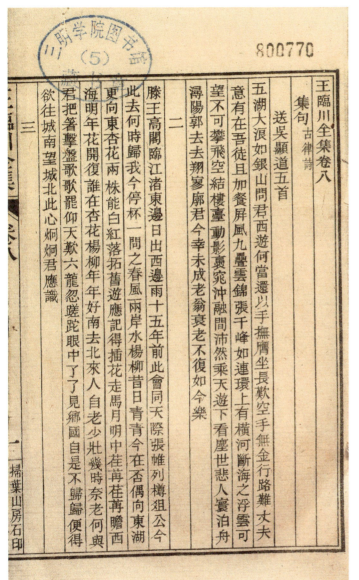

037 王臨川全集一百卷 （宋）王安石撰　清宣統三年（1911）

掃葉山房石印本

框高 16.0 釐米，寬 11.4 釐米。半葉十五行，行三十一字，白口，
四周雙邊，單魚尾。鈐"福建師範學校圖書印"等印。

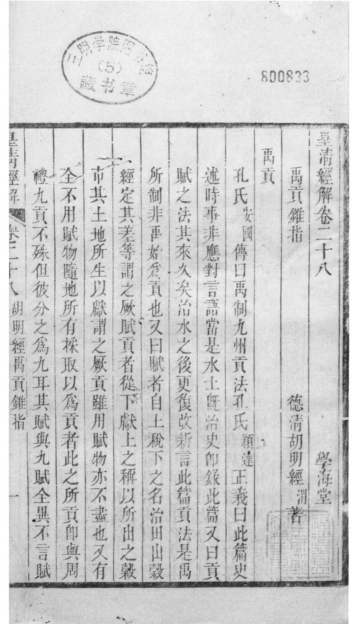

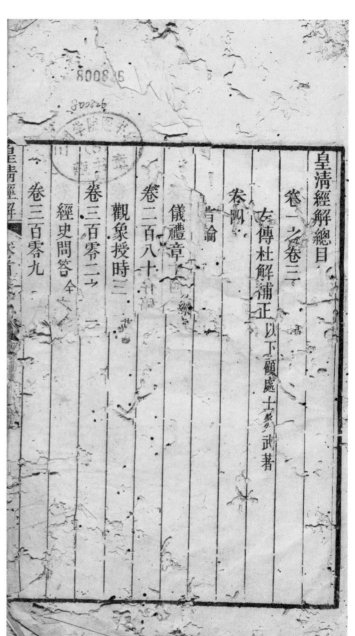

038 皇清經解一千四百八卷 （清）阮元輯　清道光九年

（1829）廣東學海堂刻咸豐十一年（1861）增刻本

框高 19.0 釐米，寬 131.1 釐米。半葉十一行，行二十三字，小字
雙行同，白口，左右雙邊，單魚尾。鈐"福建省立第一師範學校藏書"
等印。

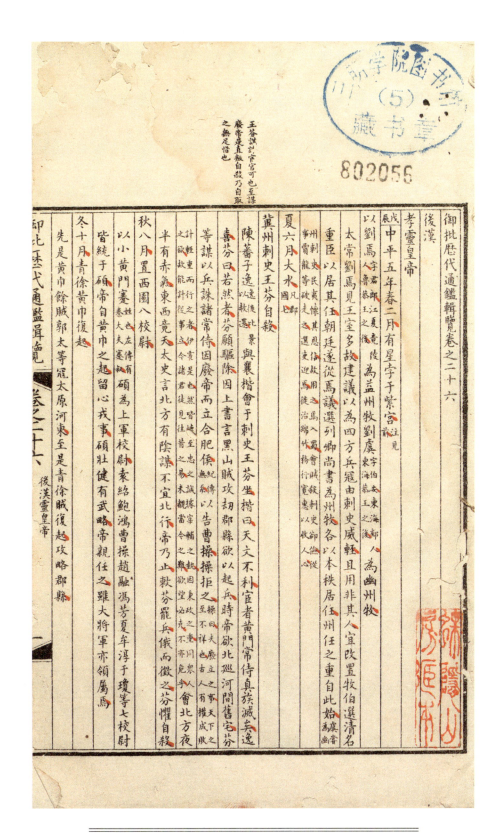

039 御批通鑑輯覽一百十六卷明唐桂二王本末四卷 （清）

高宗弘曆敕撰　清光緒二十九年（1904）石印本
框高14.0釐米，寬11.5釐米。半葉十五行，行二十七字，白口，
四周單邊，雙魚尾。鈐"福建省立第一師範學校藏書"等印。

重纂福建通志卷之二

郡縣建置沿革

閩地紀山海之經列職方之掌其來舊矣顧三代而上殆鴻濛之
末啓泰漢以還若草昧之初開三國孫吳始設縣立郡晉宋迄隋
區畫加詳磨初建都督府立軍置使分設五州騶騶乎與上國之
制侔焉五代王氏保據偏隅亦頗有所增置歷宋至明風氣日新
山川獻秀昔時獉狉之壤悉爲繡錯之區矣
皇朝定鼎北燮南諧八閩舊壤升府者一分州者二迆夫東番外島全
隸版圖增郡縣於重洋鞏金湯於巨浸前此所未有也謹次歷代
沿革之詳以彰
本朝版章之盛立省總表一郡表十州表二以便尋覽至其所爲建置

福建省
一
沿革表

重纂福建通志卷之百五十八

選舉

明貢生

延平府魏宗良〔沙縣人見吏傳〕 謝坤〔嚴州府訓導〕
徙丞寶善〔遷光祿鎮江府丹徒知縣〕 黃振〔沙縣人在官九年人咸載之〕
寺丞〔徒知縣〕 王性初〔肇慶府通判〕 吳勝〔舍人中書黃成南雄府通判張〕
綱羅鑄〔廣西道監察御史〕 蕭原〔廣西道監〕 翁巽 馬鑄〔淮安府〕 吳堅〔張巘〕
浙江都指揮司僉事 羅旻〔南海衞同知〕 蘇紳〔和州知州〕 王順〔平江府知縣〕 康艮〔江知縣〕 陸敏〔海知縣〕 朱熹〔岳州府定海知縣〕 黃琛〔余〕
徵丞〔樂林縣〕 廖鉽 黃應〔楊璞〕 官緌 羅輝〔廣州府荊門州知州吳〕
朱彬 陳謙〔經歷〕 黃華〔江〕 張漳〔海永縣府荊州〕
楊敬 官迪 曹頎 盛塾 黃純〔衞經歷〕 官懋〔荊門州知州〕
徐州僉歷 潘滘 羅伯海 楊林生 羅銓〔揚州府知縣〕
經歷 楊道恭 朱森〔寶陳勝〕 黃道應〔知縣〕

福建通志 卷百五十八
明貢生
延平府

---

040 [道光] 重纂福建通志二百七十八卷　（清）孫爾準等修　（清）陳壽祺纂
（清）陳祖洛續修　（清）魏敬中續纂　清同治七至十年（1868—1871）正誼書
院刻本

框高22.7釐米，寬16.3釐米。半葉十一行，行二十五字，小字雙行同，白口，
四周雙邊，單魚尾。鈐"福建省立第一師範學校藏書"等印。

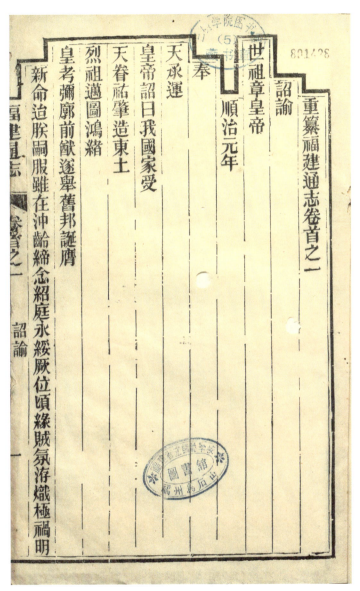

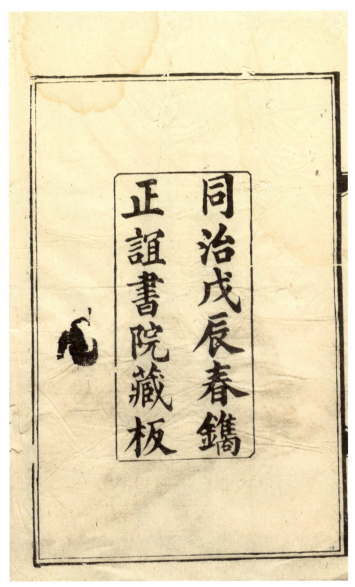

041 [道光] 重纂福建通志二百七十八卷雜錄軼事二卷續採
列女志 （清）陳壽祺編修　清同治七年（1868）刻本
框高 22.2 釐米，寬 16.7 釐米。半葉十一行，行二十八字，白口，
四周雙邊，單魚尾。鈐"福建省立第一師範學校藏書"等印。

涵芬樓古今文鈔卷一

　　　　　　　　　　　侯官吳曾祺纂錄

論辨類

論上一

攝生養性論 彭祖

神強者長生氣強者易滅柔弱畏威神強也鼓怒騁志氣強也凡人才所不至而

極思之則志傷也力所不勝而極舉之則形傷也積憂不已則魂神傷矣積悲不

已則魄神散矣喜怒過多神不歸室憎愛無定神不守形汲汲而慾神則煩切切

所思神則敗久言笑則藏腑傷久坐立則筋骨傷寢寐失時則肝傷動息疲勞則

脾傷挽弓引弩則筋傷沿高涉下則腎傷沈醉嘔吐則肺傷飽食偃臥則氣傷驟

馬步走則胃傷喧呼詰罵則膽傷陰陽不交則瘡痍生房室不潔則勞瘠發且人

生一世久遠之期壽不過三萬日不能一日無損傷不能一日修補徒責神之不

042 涵芬樓古今文鈔一百卷 　（清）吳曾期纂　清宣統二年

（1910）商務印書館鉛印本

框高 15.2 釐米，寬 11.2 釐米。半葉十二行，行三十一字，黑口，

四周雙邊，單魚尾。鈐"福建省立第一師範學校藏書"等印。

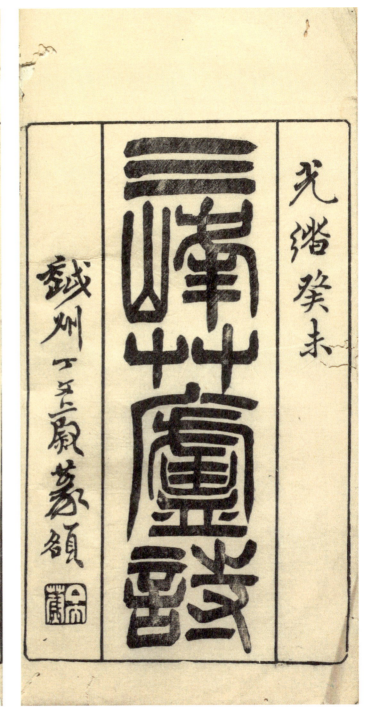

三峯草廬詩卷上

侯官郭柏蒼青郎譔

臨江江館立春日又雪　壬戌

童子喧呶怨朝旭天公又啟白玉局移時萬室皓已滿

廚煙起處獨不足眼前軒輕漸坦平隨風穿竇入屈曲

立見洲樹粲奇葩不許院竹露新綠紙窗夜闇凝清光

柴門早開窮遠矚世人好潔意固良吾願豐年情更篤

寒威凜凜撲萑苻此詩獻瑞誰能續

人日與諸君話別於泡軒　亂中作泡軒不署一字意其或毀於兵火後有

三峯草廬詩　卷上

光緒癸未

三峯草廬詩

戲州□□□□篆額

---

043 郭氏叢刻十三種　（清）郭柏蒼輯　清光緒十二年（1886）
刻本
框高 20.0 釐米，寬 12.2 釐米。半葉九行，行二十一字，下黑口，
左右雙邊，單魚尾。鈐"福建省立第一師範學校藏書"等印。

竹閒十日話何所始著在淨慈寺讀書時竹窗夜話始

也有益於人心世道者敢稱之為話耶降而致知格物

亦非話也筆墨簡當辭旨深遠文矣非話以數十年罷

旅亂離登山臨水接物感懷入目入耳觸口出之檢書

錄之無所用心廿日可以成帙是話矣乃稱之為十日

話閒人也多話閒事十日之話閒者可一日而畢閒者

不煩苟欲取一二事以訂證則甚為寶重凡說部皆如

此藥方至小也可以已疾開卷有益後人以一晲之功

可聞前人十日之話勝於閒坐圍棋揮汗觀劇矣計一

竹閒十日話

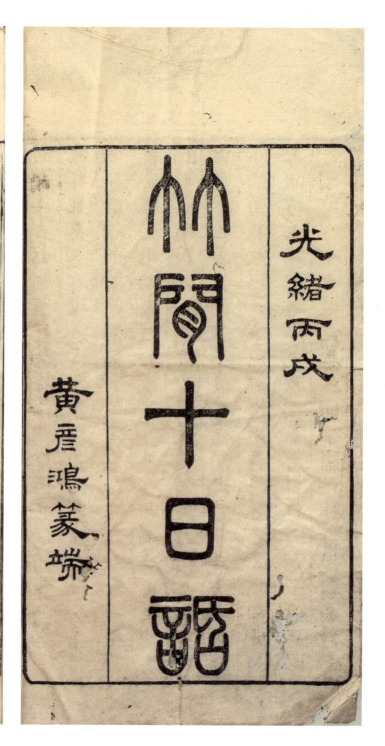

光緒丙戌

竹閒十日話

黃彥鴻篆端

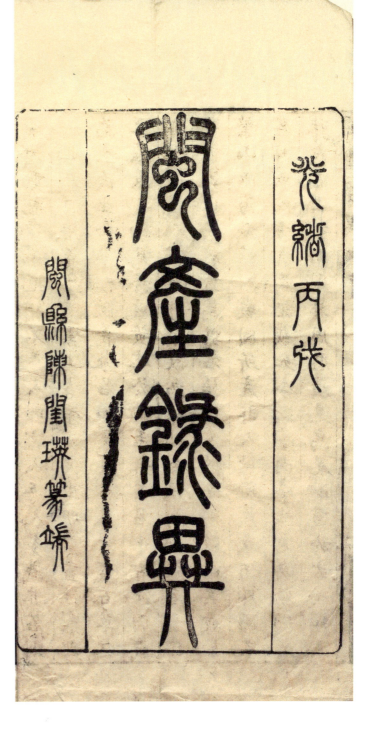

光緒丙戌

閩縣郭柏蒼篡輯

閩產錄異

飛潛動植盈天地間不養人即害人吾人多識其名則
一也凡日用養生所需上古帝王天生明聖盡性窮理
為生民立命早已取義命名如粟菽布帛六畜百草以
至蟲魚之細見於岐黃述於孔孟者其名千古從同義
亦如一後人窗有呼粟菽為糠秕金銀為鉛汞者乎諸
子百家出而疏證焉其名始別又從而辯駁焉其義始
繁山陬海澨續入版圖所產非人世所急或仍外國之
名目或以方言為記載如今之臺南臺北是矣物一名
殊義亦因之而別非周歷廣見烏足以通於古而知其

閩產錄異序

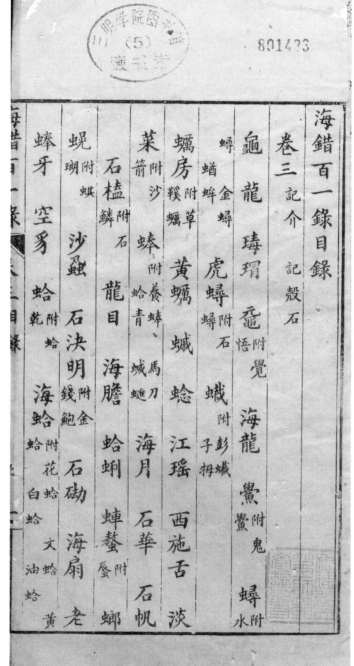

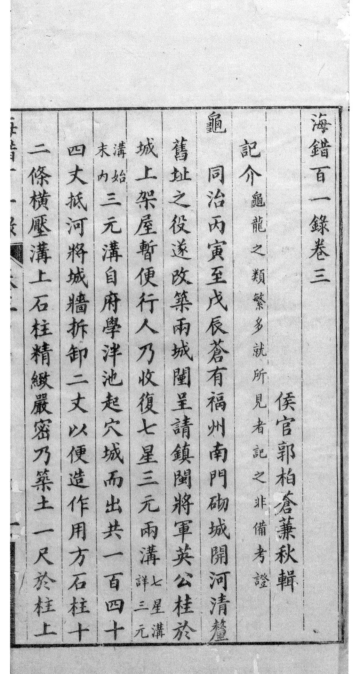

海錯百一錄卷三

記介

侯官郭柏蒼蒹秋輯

記介　龜龍之類繁多就所見者記之非備考證

龜　同治丙寅至戊辰蒼有福州南門砌城開河清釐舊址之役遂改築兩城闉呈請鎮闉將軍英公桂於城上架屋暫便行人乃收復七星三元兩溝七星溝詳三元溝末內三元溝自府學泮池起穴城而出共一百四十四丈抵河將城牆拆卸二丈以便造作用方石柱十二條橫壓溝上石柱精緻嚴密乃築土一尺於柱上

曾文正公大事記卷一

合肥李鴻章審定

湘鄉曾國荃審定

東湖王定安著

太傅曾文正公諱國藩字滌生字伯涵先世居楚之衡陽。國初有名孟學者始遷湘鄉之大界里。逮為湘鄉人孟學生元吉元吉之仲子曰輔臣生竟希諤贈光禄大夫姚彭氏諤贈一品夫人竟希生玉屏字星岡是為公王父初封中憲大夫姚累初封恭人累贈一品夫人曾氏自明以來世業農積善孝友而不顯於世星岡公少時豈任俠已乃折節下士嘗曰吾少耽遊惰往還湘潭市肆與裘馬少年相逐或日高醉寢長老有譏以浮薄將覆其家者余聞而立起自責貨馬徒行自是終身未明而起余年三十五始講求農事居枕高帽山下壟峻如梯田小如瓦吾鑒石决壤開十餘畛而通爲一然後耕夫易於從事吾所宵行水聽蟲鳥鳴聲以知節候觀露上禾頹以爲樂種蔬半哇晨而耘吾任之夕而糞備保任之入而飲家出而養魚彼此雜職之凡榮茹手植而手摘者其味彌甘凡物親歷艱苦而得者食之彌安也吾宗自元明居衡陽之廟山久無祠宇吾謀之宗族諸老建立祠堂歲以三月致祭世人禮神徼福求諸幽遐吾以爲曾祖元吉公基業始宏吾又謀之宗族别立祀典歲以十月致自國初遷居湘鄉至吾神之陟降莫親於祖考故獨隆於生我一本之祀而他祀姑關焉後世雖貧禮不可隳子孫雖愚家

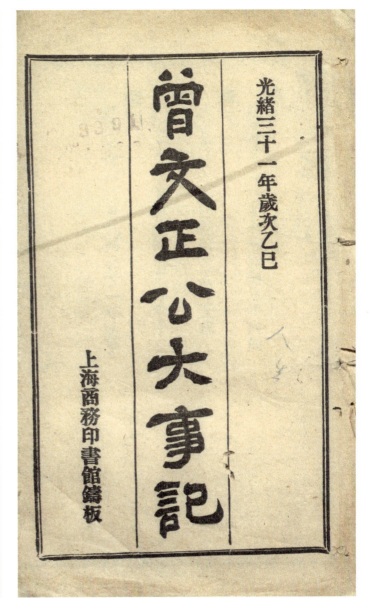

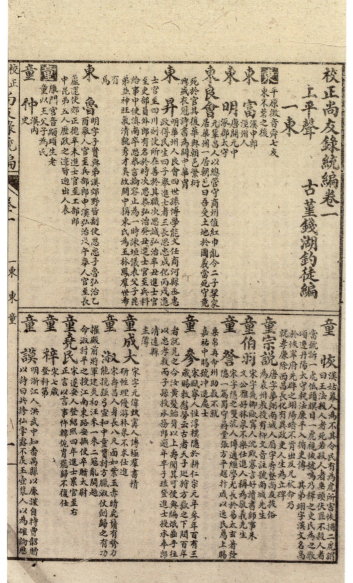

045 校正增廣尚友錄統編二十四卷 題（清）錢湖釣徒編 清光緒十四年（1888）上海鴻章書局石印本

框高17.1釐米，寬11.5釐米。半葉十六行，行二十三字，小字雙行同，上下兩欄，白口，四周單邊，單魚尾。鈐"福建省立第一高級中學校圖書館藏書""一高圖書館藏書勿攜出館外"等印。

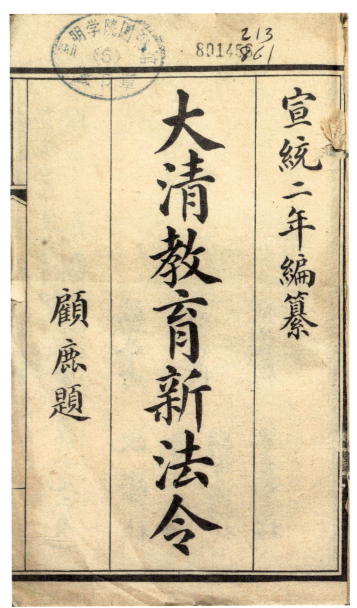

大清教育新法令

第一章　學務綱要

●●●　學務綱要總目

全國學堂總要

大小各學堂各有取義

京外各學堂俱照新章以歸畫一

宜首先急辦師範學堂

中小學堂宜注重讀經以存聖教

經學課程簡要並不妨礙西學

學堂不得廢棄中國文辭以便讀古來經籍

戒襲用外國無謂名詞以存國文端士風

小學堂勿庸兼習洋文

中學堂以上各學堂必勤習洋文

參考西國政治法律宜看全文

私學堂禁專習政治法律

私學堂禁私習兵操

各省辦理學堂員紳宜先派出洋考察

小學堂應勸諭紳富廣設

各省宜速設實業學堂

各學堂尤重在考核學生品行

各學堂學生冠服宜歸畫一

各學堂宜學官音

小學堂日課止五點鐘六點鐘並不為勞

各學堂科學並不繁難皆可按年畢業

科學相間講授乃各國成法具有深意

各學堂科目年限與各國學堂有酌改處

中小學堂酌改年限統計仍與原章相合

理學堂宜講明惟貴實踐而忌空談

各學堂兼習兵學

大清教育新法令

第一章　學務綱要

一

宣統二年編纂

大清教育新法令

顧鹿題

046 大清教育新法令十三類　（清）政學社編纂　清宣統二年
(1910) 商務印書館鉛印本
框高 17.4 釐米，寬 11.5 釐米。半葉十六行，行三十六字，白口，
四周雙邊，單魚尾。鈐"福建省立第一高級中學校圖書館藏書"
等印。

南齊書卷一

梁　蕭　子　顯　撰

本紀第一

高帝上

太祖高皇帝諱道成字紹伯姓蕭氏小諱鬬將漢相國蕭何二十四世孫也何子鬬定侯延生侍中彪

生公府掾章章生皓皓生仰仰生御史大夫望之望之生光祿大夫育育生御史中丞紹紹生光祿勳閎

閎生濟陰太守闡闡生吳郡太守永永生中山相苞苞生博士周周生蛇上長矯矯生州從事達達生孝

廉休休生廣陵府丞豹豹生太中大夫裔裔生淮陰令整整生即上令儁儁生輔國參軍樂子宋昇明二

年九月贈太常生皇考蕭何居沛侍中彪免官居東海蘭陵縣中都鄉中都里晉元康元年分東海為蘭

陵郡中朝亂淮陰令整字公齊過江居晉陵武進縣之東城里僑居江左者皆僑置本土加以南名於是

為南蘭陵蘭陵人也皇考諱承之字嗣伯少有大志才力過人宗人丹陽尹摹之北兗州刺史源之並見

知重初為建威府參軍義熙中蜀賊譙縱初平皇考遷武威將軍安固汶山二郡太守嘗於緌撫元嘉初

徙為武烈將軍濟南太守七年右將軍到彥之北伐大敗虜乘勝破青部諸郡國別帥安平公乙旃容寇

乾隆四年校刊

南齊書卷一本紀

047 欽定二十四史　（清）□□纂　清光緒十四年（1888）鉛印本
框高15.6釐米，寬11.5釐米。半葉十三行，行四十字，白口，四周單邊，雙魚尾。鈐"福建省立福州師範學校圖書館圖章"等印。

舊五代史卷一百

漢書第二

宋門下侍郎參知政事監修國史薛居正等撰

高祖紀下

天福十二年夏五月乙酉朔契丹所署大丞相政事令東京留守燕王趙延壽為承康王烏裕所囚既而

烏裕召舊漢臣寨于鎮州牙署詔命烏裕嗣位于是發哀成服辛卯詔取五月十三日車駕南

幸甲午以判太原府事劉崇為北京留守命皇子承訓武德使李暉大內巡檢丙申帝發河東取陰地關

路幸東京時皇官言太歲在午不利南故路出陰地丁酉史翟令奇以郡來降宋史

超傳央史肇路經澤州刺史翟令奇堅壁拒命萬卻馳至城下諭之曰今契丹遍天下無主并帝來降李萬

州劉公伐大義定中土所向風靡後服者族盡早圖之令奇之令奇開門迎納宏肇卿留萬超權州事是日契

丹所署汴州節度使蕭翰迎郁國公李從益至東京請從益知南朝軍國事己亥蕭翰發離東京北去乙

巳契丹承康王烏裕自鎮州遷舊行次定州以定州節度副使耶律忠為定州節度使孫方簡為雲州節

度使方簡不受命遂歸狼山戊申車駕至絳州本州刺史成霸卿曹可瑫

等守其郡帝建議之始不車歸命及車駕至帝耀兵于城下不令攻擊從朗等遂陣六月乙卯契丹中

乾隆四年校刊　舊五代史卷一百本紀　一

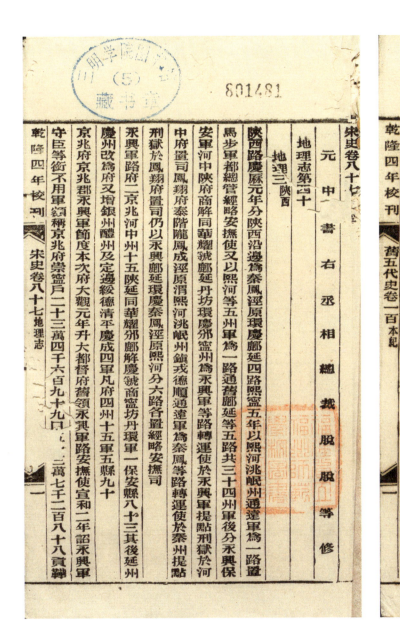

宋史卷八十七

地理志第四十

地理三　陝西

元中書右丞相總裁脫脫等修

陝西路慶曆元年分陝西沿邊為秦鳳涇原環慶鄜延四路熙寧五年以熙河洮岷州通遠軍為一路置

馬步軍都總管經略安撫使又以熙河等五州軍為一路通舊鄜延等五路共三十四州軍後分永保

安軍河中陝府南解同華耀虢鄜延丹坊環慶邠寧州為永興軍等路轉運使於永興軍提點刑獄於河

中府置司鳳翔府泰階隴鳳成涇原渭熙河洮岷州鎮戎德順通遠軍為秦鳳等路轉運使於秦州提點

刑獄於鳳翔府置司仍以永興鄜延環慶涇原熙河分六路各置經略安撫司

永興軍路府二京兆河中州十五陝同華耀邠鄜延丹環軍一保安縣八十三其後延州

慶州改為府又增銀州醴州及定邊綏德清平慶成四軍凡府四州十五軍五縣九十

京兆府京兆郡京兆節度本次府大觀元年升大都督府舊領永興軍路安撫使宣和二年詔永興軍

守臣等銜不用軍額稱京兆府崇寧戶二十三萬四千六百九十四口……三萬七千二百八十八貢麝

乾隆四年校刊　宋史卷八十七地理志　二

進遼史表

開府儀同三司上柱國錄軍國重事中書右丞相監修國史領經筵事臣脫脫言竊惟天文之象之驗於職衡

人文莫證於簡策人主監天象之休咎則必察乎璣衡之得失則必考乎簡策之信是以二

者所掌俱有太史之稱然知人情顯而易見動靜者吉凶之兆敬念者興亡之機史臣雖述

前代之設施大意有助人君之鑑戒自唐之季基于朝方造邦本席於干戈致治能資於鞱畧敬天畏祖

而出入必祭親仁善鄰而戰以宜南府治民北府治兵春狩省斂吏課每嚴於芻牧歲饑屢

賜乎田祖至若觀市赦罪則照合六典之規臨軒策士則恰遵三歲之制享國二百一十九載政刑日舉

品式備其盛有足尚者爲迫夫子孫失御上下離心驕盈賊興而根本蹙強變爲易於

反掌吁可畏哉天祚自絕大石荷延國既邱墟史亦燕菲耶律儼語多避忌陳大任辦乏精詳五代史繫

之終篇榮舊史埒諸載記予奪各狥其主傳聞況失其眞我世祖皇帝一視同仁深加懲創嘗勑詞臣撰

次三史首及於遼六十餘年因循造物有待臣脫脫誠惶誠恐頓首頓首欽惟皇帝陛下如堯稽古

而簡寬容衆若舜好問而溶哲冠倫講經兼誦乎祖謨訪治旁求乎往牒茲修史事斷自宸衷容旨下而

微聘行朝士賓而遒造起於是命臣脫脫以中書右丞相領都總裁中書平章政事臣鐵睦邇邊世中書

乾隆四年校刊　進遼史表

乾隆四年七月二十五日奏

有開列在事諸臣職名

監理

議政大臣辦理理藩院尚書事務兼總管內務府和碩莊親王臣允祿

總裁

經筵日講官少保兼太子太保保和殿大學士兼管吏部尚書翰林院掌院學士事世襲一等伯臣張廷玉

原任太子太傅文華殿大學士兼吏部尚書加五級臣朱軾

原任經筵講官太子太傅文華殿大學士兼理戶部尚書事務加七級臣蔣廷錫

太子少保　食俸　臣徐元夢

原任議政大臣戶部尚書管理三庫兼步軍統領教習庶吉士臣鄂爾奇

原任經筵講官禮部尚書加五級臣吳襄

戶部行侍郎加五級臣留保

原任兵部左侍郎教習庶吉士臣胡煦

職名

右葉

袁王綱鑑合編　王序

史者一代之成書實萬祺之公論公論者善其善惡其惡是是非非一定
之衡也一代書成而公論不盡歸之龍門茂林曠世鉅筆說者譏其記繁
而志寡要其書之堅潔整贍有非蔚宗所逮者下此惟廬陵五代史凌燦
古今子瞻猶短其作傳有漏況十九史紛紛籍籍文成而義不屬者夥邪
稽古史卽經也尙書之文是也自堯典至秦誓世數缺有間矣孔子刪之
曰式訓來世文不必備云爾周襄孔子從平王四十九年值隱公元年作
春秋本魯史也魯前此無史乎筆削訖二百四十二年蓋聖人若是其愼
也況春秋未作暨絕筆之後列國非無記注自日尋干戈若存若亡迄於
秦火遂泯不可跡而春秋焰而猶存此誠大聖人公論不可滅故史也而
尊曰經與尙書並傳云自秦以來大義蔑如迄宋涑水司馬光輯資治通

一

左葉

袁王綱鑑合編　先儒名公姓氏紀

先儒名公姓氏紀

西漢
龍門司馬氏　父談為太史遷父業作史記
洛陽賈氏　有才名嘗著過秦論

彭城劉氏　著洪範五行列女傳新序說苑

東漢
茂林班氏　按本傳班彪字叔皮黃林人著王命論及賦論奏
平陵賈氏　按本傳賈逵字景伯平陵人所註之史

南陽劉氏　按劉珍字秋孫南陽人作東觀以來名臣傳

北海鄭氏　海高密人嘗註史記

潁川荀氏　淑之孫劉漢爽帝紀三十卷
南陽文氏　前漢書一百三十二卷

汝南應氏　著漢官儀及風俗通行於世

琅邪伏氏　按本傳伏字子愼河南榮陽人註前漢書

茂陵馬氏　陵人按本傳馬融字景

扶風馬氏　按本傳馬融字季長茂陵人已成而卒詔昭續成之

陳留蘇氏　按魏志蘇林字孝友陳留人嘗註前漢書一百三十卷

安平孟氏　按魏志孟康字公休安平人著前漢書行於世

雲陽韋氏　按吳志韋昭字弘嗣雲陽人

中山張氏　按魏志張晏字子傳中山人所著有漢書音釋四十卷

三國
巴蜀譙氏　按蜀志譙周字允南巴蜀人見譙之子自作漢紀三十卷
東海王氏　按魏志王肅字子雍東海人所著有史記及諸經傳註
馮翊如氏　按魏志如淳馮翊人著前漢書音釋於世

西晉
徐姚虞氏　按吳志虞翻字仲翔餘姚人所著有史記國語訓注傳於世
高唐華氏　按本傳華嶠字叔駿高唐人表之子自作漢紀三十卷
河南晉氏　按本傳晉灼河南人

巴蜀陳氏　漢人撰三國志六十五篇
高平劉氏　所著有歷代史書考異高平世

一

書誌情報

048 袁王綱鑑合編三十九卷附明紀綱目二十卷　（明）袁黃輯
（清）王世貞編　清光緒三十年（1904）上海商務印書館鉛印本
框高 16.0 釐米，寬 12.2 釐米。半葉十九行，行四十三字，小字雙
行同，白口，四周單邊，單魚尾。鈐"福建省立福州師範學校圖
書館圖章"等印。

欽定學政全書卷十七

取錄經解

乾隆元年奉

上諭。

聖祖仁皇帝四經之纂實綜自漢迄明二千餘年羣儒
之說而析其中視前明大全之編僅輯宋元講解
未免膚雜者相去懸殊直省學政職在勸課實學
則莫要於宣揚
聖教以立士子之根柢每科歲按臨時頒飭各該學確

049 欽定學政全書八十二卷　（清）王傑等修　（清）廣興等纂
清乾隆五十八年（1793）禮部刻本
框高 19.5 釐米，寬 15.3 釐米。半葉九行，行二十字，白口，四周單邊，單魚尾。鈐"福建省立福州師範學校圖書館圖章"等印。

洗冤錄詳義全書

擴遺擴遺補缺

宋淳祐間湖南提刑參議宋慈普萃內恕錄等書成洗冤集錄五卷厥後代相增易辨驗益精俾沈冤得以昭雪曰洗冤者洗發其冤使無枉縱字賅生死兩造檢驗不真妄擬縱冤者蒙冤矣二者係命坐令漏罔綱死字惠父讀律佩觿作宋慈惠相古人通稱檢驗今人分別驗屍為驗拆蒸為檢驗

洗冤錄詳義卷一

檢驗總論

海甯許槤編校

事莫重於人命罪莫大於死刑殺人者抵法固無恕施刑失當心則難安

故成招定獄全憑屍傷檢驗為真傷真招服一死一抵俾知法者畏法民鮮過犯保全生命必多倘檢驗不真死者之冤未雪生者之冤又成因一

凡問人命全憑干證與屍傷干證者見打之人屍傷者被打之迹干證猶有扶同屍傷縱然惟速驗其屍求變其傷易明久則發變潰爛是傷非傷與顏色深淺長闊分寸便難辨別其瘢叢生矣

成招定獄全憑屍傷

洗冤錄詳義

卷一

檢驗總論

050 洗冤錄詳義四卷首一卷　（宋）宋慈撰　（清）許槤編校

清光緒三年（1877）刻本

框高19.0釐米，寬14.0釐米。半葉十行，行十八字，白口，左右雙邊，單魚尾。鈐"福建省立師範學校圖書館福州烏石山"等印。

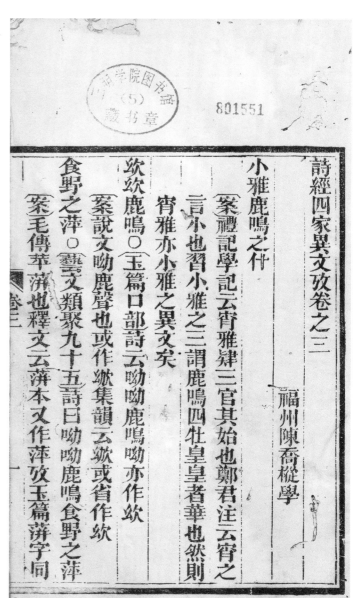

詩經四家異文攷卷之三

福州陳喬樅學

小雅鹿鳴之什

〔案〕禮記學記云宵雅肄三官其始也鄭君注云宵之

言小也習小雅之三謂鹿鳴四牡皇皇者華也然則

宵雅亦小雅之異文矣

欻欻鹿鳴○〔玉篇〕口部詩云呦呦鹿鳴呦亦作欻

〔案〕說文呦鹿聲也或作欻集韻云欻或省作欻

食野之萍○〔釋文〕類聚九十五詩曰呦呦鹿鳴食野之萍

〔案〕毛傳華萍也釋文云萍本又作萍攷玉篇萍字同

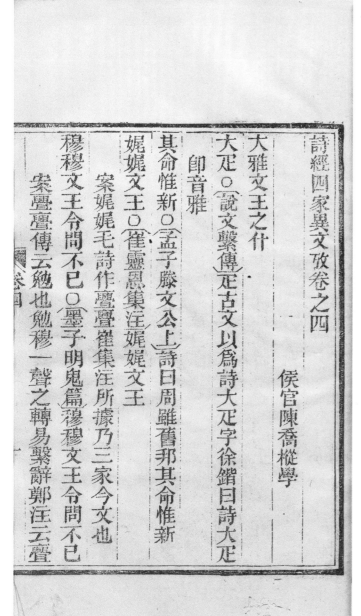

詩經四家異文攷卷之四

侯官陳喬樅學

大雅文王之什

大疋○〔說文繫傳〕正古文以爲詩大疋字徐鍇曰詩大疋

卽音雅

娓娓文王○〔崔靈恩集注〕娓娓文王

〔案〕娓娓毛詩作亹亹崔集注所據乃三家今文也

其命惟新○〔孟子滕文公上〕詩曰周雖舊邦其命惟新

穆穆文王令問不已○〔墨子明鬼篇〕穆穆文王令問不已

〔案〕墨傳云勉也勉穆一聲之轉易繫辭鄭注云亹

051 詩經四家異文考五卷 （清）陳喬樅撰　清光緒八年（1882）

刻本

框高18.2釐米，寬14.0釐米。半葉十行，行二十二字，白口，四

周雙邊，單魚尾。鈐"福建省立師範學校圖書館福州烏石山"等印。

批點春秋左傳綱目句解彙雋

僖公三十三年　論法小心畏忌曰僖
名申辪公御子閔公之兄在位

壬戌十八年　周惠王元年陳宣公三十四年杞成公查無听考宋桓公元年晉
獻公十八年楚成王十三年齊桓公二十七年秦穆公元年晉
午蔡穆侯十六年鄭文公十四年衛文公元年

癸亥二年
虞師晉師滅夏陽

晉荀息請以屈產之乘與垂棘之璧假道於虞以伐虢　荀息晉
地名産良馬垂棘地名出美玉時獻公欲伐虢道出于
虞故荀息請以玉馬而借虞道焉〇屈求勿反乘去聲公曰是
五寶也對曰若得道於虞猶外府也〇府庫也謂雖以玉馬與虞
　　　　　　　　　　公吾復滅虞而取之是猶

左傳句解彙雋　卷二　僖公　虞師晉師

052 評點春秋綱目左傳句解彙雋六卷　（清）韓葵重訂　清刻本
框高18.5釐米，寬12.5釐米。半葉九行，行二十四字，小字雙行同，白口，四周單邊，單魚尾。鈐"福建省立師範學校圖書館福州烏石山"等印。

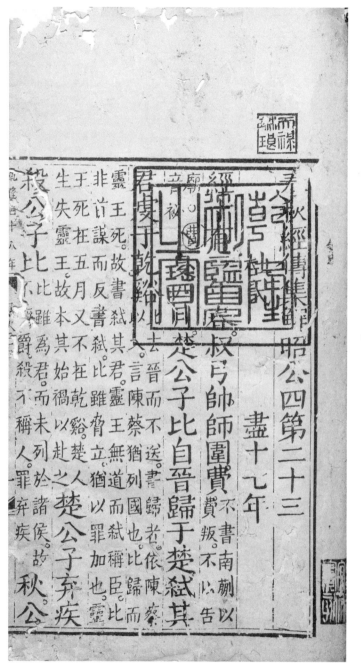

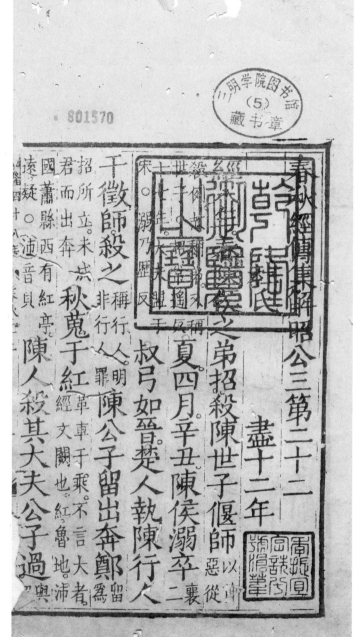

053 春秋經傳集解三十卷附考證 （晉）杜預撰 （唐）陸德明
音義 清道光十九年（1839）刻本
框高 20.2 釐米，寬 13.5 釐米。半葉八行，行十七字，小字雙行同，
白口，四周雙邊，雙魚尾。鈐"福建省立師範學校圖書館福州烏
石山"等印。

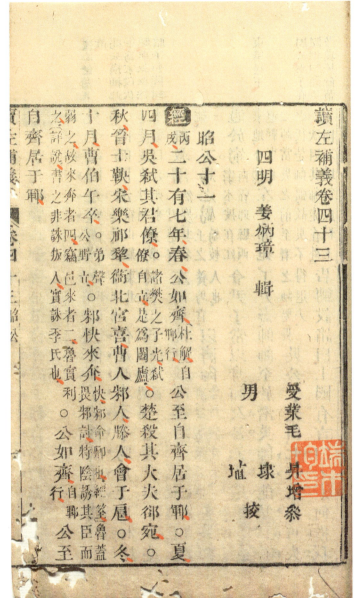

054 讀左補義五十卷首一卷　（清）姜炳璋輯　清光緒二十

七年（1901）刻本

框高 18.5 釐米，寬 13.8 釐米。半葉十一行，行二十三字，小字雙

行同，白口，左右雙邊，單魚尾。

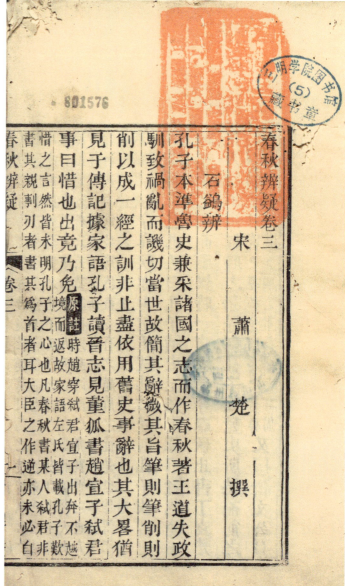

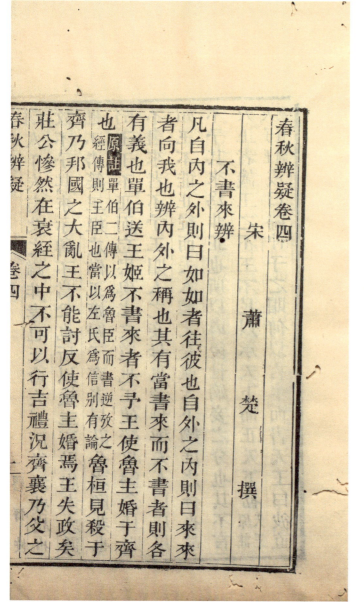

055 春秋辨疑四卷 （宋）蕭楚撰　清光緒十六年（1890）刻本

框高 19.0 釐米，寬 12.5 釐米。半葉九行，行二十一字，白口，四周雙邊，單魚尾。

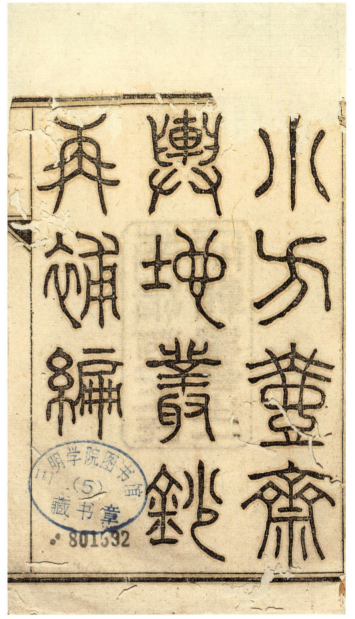
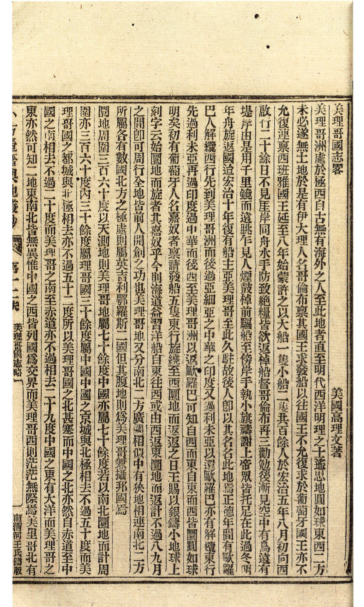

056 小方壺齋輿地叢鈔再補編十二帙 （清）王錫祺輯　清

光緒二十三年（1897）上海著易堂鉛印本

框高15.0釐米，寬10.9釐米。半葉十八行，行四十字，小字雙行同，白口，四周雙邊，單魚尾。

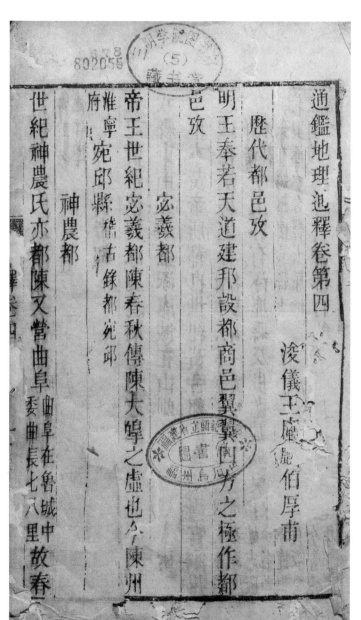

十道山川攷

通鑑地理通釋卷第五

　　　　浚儀王應麟伯厚甫

禹貢定高山大川以別九州之境職方爾雅取法焉
山川萬古不易州縣隨時變遷後之志地理者附山
川于注失其綱領唯唐六典敘十道得禹貢遺意今
釋其地以備泰攷山川能說九能之一或庶幾焉

關內

東距河

班固西都賦帶以洪河注書曰導河自積石南至

通鑑地理通釋卷第四

　　　　浚儀王應麟伯厚甫

歷代都邑攷

邑攷

明王奉若天道建邦設都商邑翼翼四方之極作都

宓羲都

帝王世紀宓義都陳春秋傳陳大皞之虛也今陳州

淮寧宛邱縣檔古錄都宛邱

府

神農都

世紀神農氏亦都陳又營曲阜曲阜在魯城中委曲長七八里故春

057 通鑑地理通釋十四卷　（宋）王應麟撰　清道光二十三年
(1843) 補刻本

框高 20.1 釐米，寬 13.3 釐米。半葉十行，行二十字，白口，四周
單邊，單魚尾。

— 108 —

兵書多武藝明達果斷爲當時所推服身長七尺五寸日角龍顏
高祖以梁天監二年癸未歲生少俶儻有大志不治生產既長讀
懷安令詠詠生安成太守猛猛生太常卿道巨道巨生皇考文讚
英英生尚書郎公弼公弼生步兵校尉鼎鼎生散騎侍郎高生
運達生康復爲丞相掾咸栮中土斷故爲長城人康生盱眙太守
謂所親曰此地山川秀麗當有王者興二百年後我子孫必鍾斯
嘉南遷爲丞相掾歷太子洗馬出爲長城令悅其山水遂家焉嘗
臣長陳寔之後也世居潁川寔玄孫準晉太尉準生匡匡生達永
高祖武皇帝諱霸先字興國小字法生吳興長城下若里人漢太

高祖上

本紀第一

陳書卷一

058 陳書三十六卷 （唐）姚思廉撰　清同治十一年（1872）金
陵書局刻本
框高 21.5 釐米，寬 15.4 釐米。半葉十二行，行二十五字，白口，
左右雙邊，單魚尾。

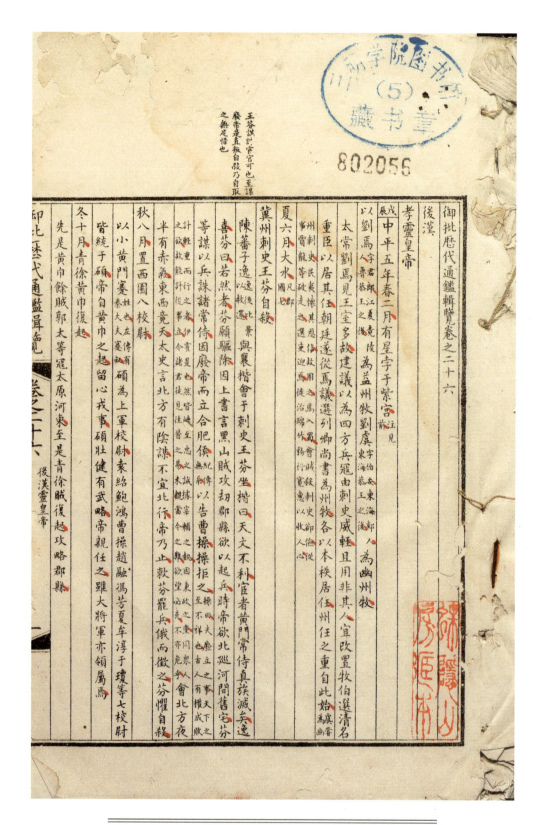

059 御批歷代通鑑輯覽一百二十卷 （清）傅恒等撰 清光緒

同文書局石印本

框高 14.0 釐米，寬 11.4 釐米。半葉二十行，行三十六字，小字雙行同，白口，四周雙邊，雙魚尾。

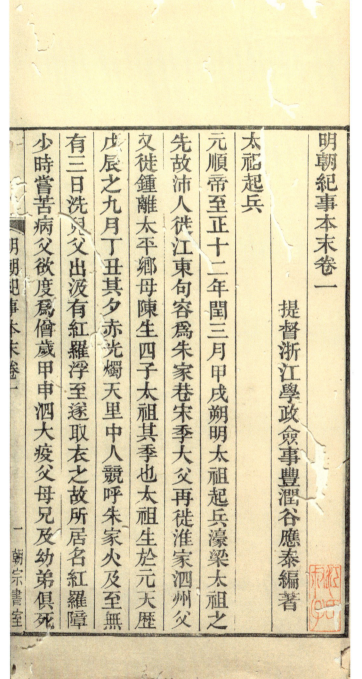

少時嘗苦病父欲度爲僧歲甲申泗大疫父母兄及幼弟俱死

有三日洗兒父出浚有紅羅浮至遂取衣之故所居名紅羅障

戊辰之九月丁丑其夕赤光燭天里中人競呼朱家火及至無

又徙鍾離太平鄉母陳生四子太祖其季也太祖生於元天曆

先故沛人徙江東句容爲朱家巷宋季大父再徙淮家泗州父

元順帝至正十二年閏三月甲戌朔明太祖起兵濠梁太祖之

太祖起兵

明朝紀事本末卷一

提督浙江學政僉事豐潤谷應泰編著

明朝紀事本末卷一

一朝宗書室

明史紀事本末

朝宗書室聚珍

---

060 明史紀事本末八十卷 （清）谷應泰編　清同治（1862—
1874）朝宗書室木活字印本

框高 20.0 釐米，寬 13.5 釐米。半葉九行，行二十四字，白口，四
周單邊，單魚尾。

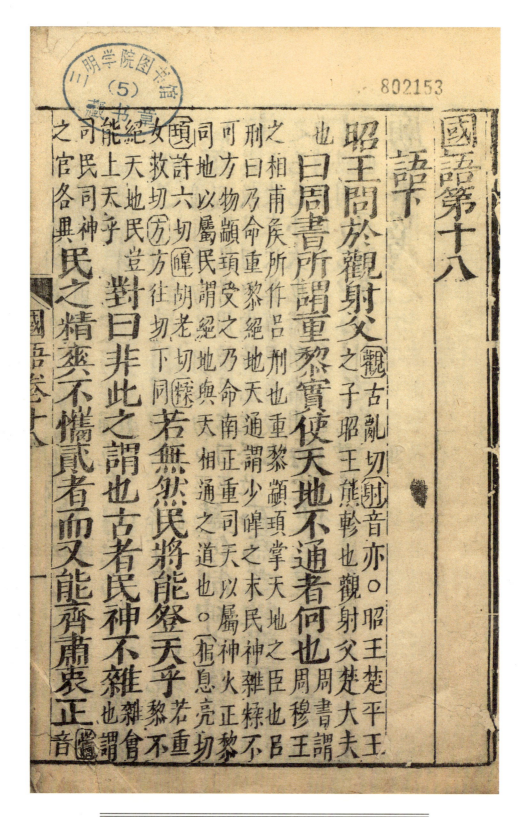

國語第十八

語下

昭王問於觀射父〔觀古亂切〇射音亦〇昭王楚平王
也〕曰周書所謂重黎實使天地不通者何也〔周書謂
之相甫戾所作呂刑也乃命重黎絕地天通謂少皥之末
民神雜糅不可方物顓頊受之乃命南正重司天以屬神
火正黎司地以屬民謂絕地與天相通之道也〇〔息亮切〇黎
力兮切〇顓胡老切〇糅人救切〔方往切下同〕若無然民將能登天乎〔黎重
紀天地民堂〔方堂往切〇暉胡委切〕對曰非此之謂也古者民神不雜〔雜謂會
之同民同神乎〔同地以屬民謂絕地與天相通之道也〇〔息亮切〇〕若無然民將能登天乎〔黎重
之官各異民之精爽不攜貳者而又能齊肅衷正音〔爽

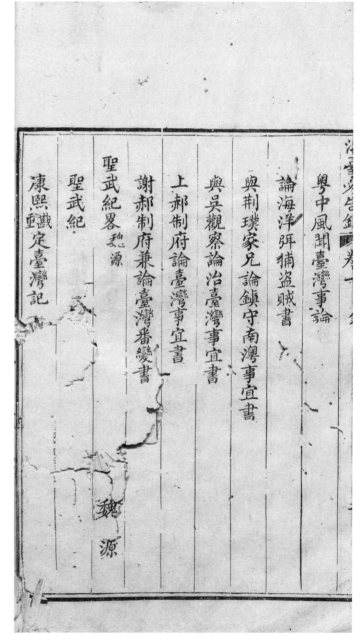

治臺必告錄卷一

粵中風聞臺灣事論

論海洋弭捕盜賊書

與荊璞家兄論鎮守南灣事宜書

與吳觀察論治臺灣事宜書

上郝制府論臺灣事宜書

謝郝制府兼論臺灣番變書

聖武紀署　魏　源

聖武紀

康熙戡定臺灣記　魏　源

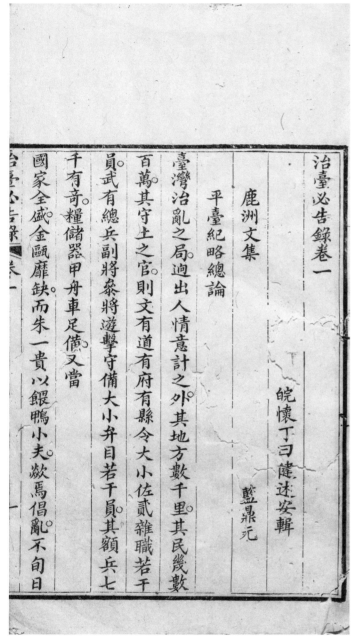

治臺必告錄卷一

鹿洲文集

平臺紀略總論

皖懷丁曰健述安輯

藍鼎元

臺灣治亂之局迥出人情意計之外其地方數千里其民幾數百萬其守土之官則文有道有府有縣令大小佐貳雜職若干員武有總兵副將參將遊擊守備大小弁目若干員其額兵七千有奇糧儲器甲舟車足備又當國家全盛金甌靡缺而朱一貴以餵鴨小夫欻焉倡亂不旬日

062 治臺必告錄八卷　（清）丁曰健輯　清同治六年（1867）知
足知止園刻本
框高 19.5 釐米，寬 14.9 釐米。半葉九行，行二十四字，白口，四
周雙邊，單魚尾。

平浙紀略卷六

同治三年正月初五日奏

命督辦軍務閩浙總督兼署浙江巡撫左公附奏勸撫事宜

疏云用兵之道勸撫兼施而實則撫之流弊極多非臨

機應變措置得宜難免事後之悔臣自入浙以來祗行

解散一策而不敢輕議招撫者以此現在杭州城內及

石門德清各賊酋均有求撫之事海寧撫局一成賊中

私相猜貳者更復不少臣以各賊偏聚一方勢實窮蹙

其求降固在意中然事前之詐偽宜防事後之安插不

易惟有分別勸撫相機辦理乃為穩著蓋是時官軍方

063 平浙紀略十六卷　（清）秦緗業　（清）陳鍾英撰　清同
治十三年（1874）刻本
框高 18.6 釐米，寬 13.5 釐米。半葉十行，行二十三字，白口，四
周雙邊，單魚尾。

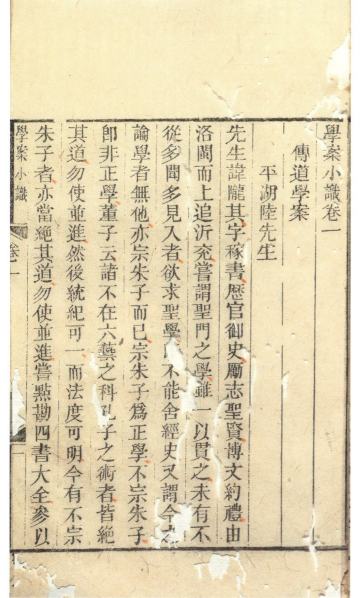

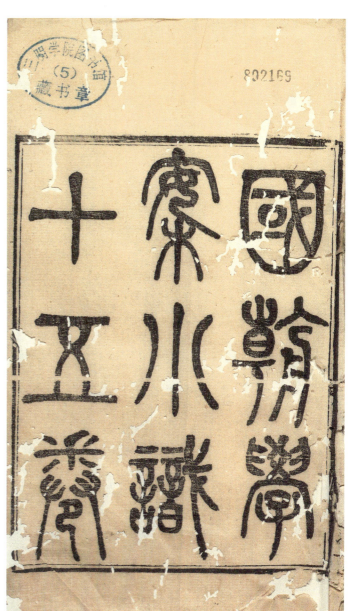

064 學案小識十四卷首一卷末一卷 （清）唐鑑撰　清光緒十
年（1884）刻本

框高 17.8 釐米，寬 14.0 釐米。半葉十行，行二十一字，黑口，左
右雙邊，雙魚尾。

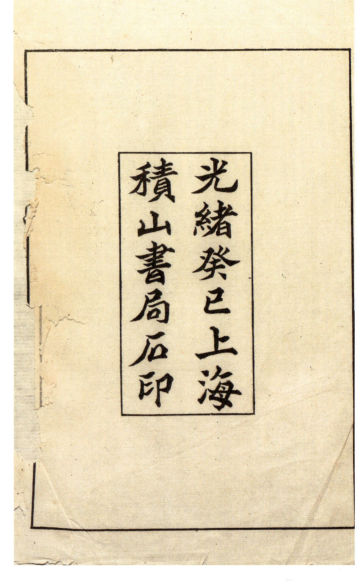

國朝畫徵錄

卷上

八大山人 朱重容附

秀水張 庚浦山著

睢州蔣 泰无妄
湯之旦南溪 同校梓

八大山人有仙才隱於書畫題跋多奇致不甚解書法有晉唐風格畫擅山水花鳥竹木筆情縱恣不泥成法而蒼勁圓晬時有逸氣所謂拙規矩於方圓鄙精研於彩繪者也襟懷浩落慷慨嘯歌世目以狂及逢知己十日五日畫其能又何專也山人江西人或曰姓朱氏名耷髩八字雪個故石城府王孫也甲申後號八大山人或曰山人固高僧嘗持八大人覺經因以為號余每見山人書畫款題八大二字必聯綴其畫蓋有在也又亦然類哭之笑之字意蓋有在也又嘗戲王九世孫重容字子莊亂後隱居南昌之蓼洲能詩工書善蘭竹小品白学村桑者日隆科實記云山人書得董華亭筆意非是又云畫之最佳者松

八大山人朱重容附

二戴兆春書

光緒癸巳上海
積山書局石印

065 國朝畫徵錄三卷續錄二卷 （清）張庚撰　清光緒十九年
（1893）上海積山書局石印本
框高 16.3 釐米，寬 11.4 釐米。半葉十四行，行三十字，黑口，四周單邊，單魚尾。

白香山詩長慶集卷第一

古歙汪　立名　西亭　編訂

諷諭一　古調詩五言　凡六十四首

賀雨

皇帝嗣寶曆·元和三年冬·及春暮不雨旱爐爐上
心念下民懼歲成災卤遂下罪巳詔殷勤制告萬邦帝
曰予一人繼天承祖宗勤不遑寧夙夜心忡忡元年
誅劉闢一舉靖巴卬二年殺李錡不戰安江東顧惟眇
眇德下思致時邕莫如率其身慈和與儉恭乃命罷進獻
乃命賑飢窮宥死降五刑巳責　謂止浦獻七今本皆作責巳誤
戒下思致時邕莫如率其身降渗無乃徼予躬止思答天
覽茲農宮女出宣薇厩馬減飛龍庶政靡不舉皆由自

白香山詩長慶集卷第二

諷諭二　古調詩五言　凡五十八首

續古詩十首

戚戚復戚戚送君遠行役行役非中原海外黃沙磧悭
傳獨居妾迢遞長征客君望功名歸妾憂生死隔誰家
無夫婦何人不離拆所恨薄命身嫁別日追妾身有
存沒妾心無改易生為閨中婦死作山頭石
掩淚別鄉里飄飄將遠行茫茫野中春盡孤客情
馬上丘隴高低路不平風吹棠梨花啼鳥時一聲古墓
何代人不知姓與名化作路傍土年年春州生感彼忽
自悟今我何營營
朝采山上薇暮采山上薇歲晏薇亦盡飢來何所為坐

---

066 白香山詩長慶集二十卷後集十七卷別集一卷補遺二卷　（唐）白居易撰　年
譜一卷　（清）汪立名撰　**年譜舊本一卷**　（清）汪立名編　清康熙四十二年（1703）
古歙汪氏一隅草堂刻本
框高18.7釐米，寬14.6釐米。半葉十二行，行二十一字，白口，左右雙邊，單魚尾。

省例各欵總目

公臺十六案

用詳用稟章程

查扣限期縮前一日

詳文具錄看語呈控批審事件仍照書冊全錄

核詳案件定限日期

部查登覆事件註明限期按月彙報

紅稟摘敘簡明事由

申投詳驗稟報冊結務須續寫端楷分別稀朗其於筆畫不妨稍爲

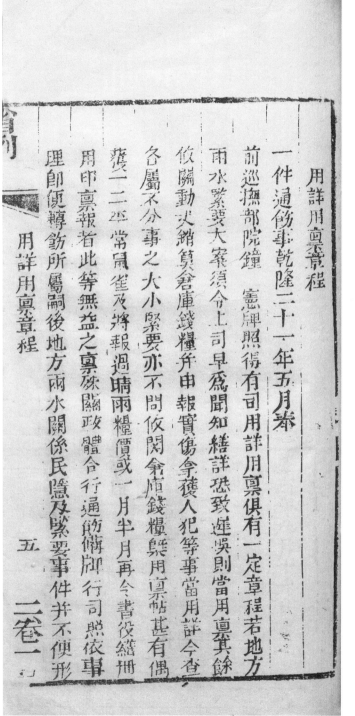

用詳用稟章程

一件通飭事乾隆二十一年五月奉

前巡撫部院鐘　憲牌照得有司用詳用稟俱有一定章程若地方

雨水緊要大案須令上司早爲聞知繕詳恐致違誤則當用稟其餘

依關勦失綏算錢庫錢糧幷申報實傷拿獲人犯等事當用詳今查

各屬不分事之大小緊要亦不問依閱余庫錢糧縣用稟帖甚有偶

獲一二匪竊亦將報過晴雨糧價或一月半月再令書役繕冊

用印稟報者此等無益之稟殊屬政體合行通飭卽行司照依事

理郎便轉飭所屬嗣後地方兩水關係民隱及緊要事件幷不便形

用詳用稟章程

五

二卷二

067 福建省例四十卷 （清）□□輯　清末刻本

框高 17.0 釐米，寬 11.3 釐米。半葉九行，行二十八字，白口，四周單邊，單魚尾。

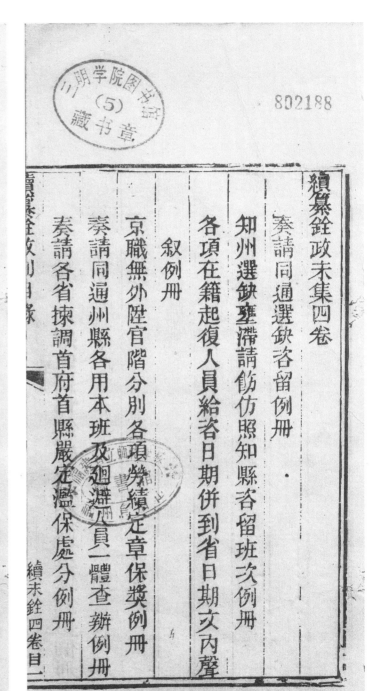

同知判選決酌宜等留例冊

等因到本部院准此行司即便查照辦理仍刊刷例

旨依議欽此相應抄錄原奏知照可也計粘單原奏一紙

旨覆奏一摺於光緒六年九月二十八日具奏奉

吏部咨文選司奏呈所有議覆御史邵日濂奏請將

同知通判選缺酌定咨留章程遵

巡撫部院勒 劄行光緒六年十二月初一日准

一件飭刊事奉

奏請同通選缺酌定咨留章程例冊

續纂銓政未集四卷

奏請同通選缺咨留例冊

知州選缺壅滯請飭仿照知縣咨留班次例冊

各項在籍起復人員給咨日期併到省日期交內聲

叙例冊

京職無外陞官階分別各項勞績定章保獎例冊

奏請同通州縣各用本班及迴避州員一體查辦例冊

奏請各省揀調首府首縣嚴定澁保處分例冊

續末銓四卷目一

續末銓四卷一

068 新修條例□□卷 （清）□□輯 清末刻本
框高 18.0 釐米，寬 10.5 釐米。半葉八行，行二十二字，白口，四
周雙邊，單魚尾。

平糶僧銀懺軟、解貯司庫

戶部為傳付事福建司案呈准陝西司傳付內閣抄出江南道監察

御史程商采奏籌議平糶事宜一摺欽奉

上諭一道相應傳付江南等司赴司抄錄自行行文各督撫遵照辦理等

因前來相應恭錄

上諭原奏行文福建巡撫遵照可也

計單一紙

江南道監察御史臣程商采晚

奏為籌議平糶事宜以體

平糶僧銀懺軟解貯司庫

一百三十九卷四十

---

069 福建章程□□卷　（清）□□輯　清光緒刻本

框高 17.9 釐米，寬 10.4 釐米。半葉九行，行二十八字，白口，四
周單邊，單魚尾。

征南將軍遂征西將軍並開府後徵段熲病卒復徵馬騰為衛尉卓封槐里侯騰乃應召而留子超領其部曲十六年

超與韓遂舉關中胥曹操擊破之遂敗走騰坐夷三族超攻殺涼州刺史韋康復據隴右十九年天水人楊阜破超奔

漢中时劉備遂走金城羌中為其帳下所殺初隴西人宗建在袍罕自稱河首平漢王署百官三十許年曹操因遣夏侯

淵擊建斬之涼州悉平

卷一百十三下

列傳第二十六下

劉虞字伯安東海郯人也祖父嘉光祿勳虞初舉孝廉稍遷幽州刺史民夷感其德化自鮮卑烏桓夫餘濊貊之輩皆隨時

朝貢無敢擾邊者百姓歌悅之公事去官中平初黃巾作亂攻破冀州諸郡拜虞甘陵相綏撫荒餘以疏儉率下遷宗正後

車騎將軍張溫討邊章等發幽州烏桓三千突騎而牢稟違懸皆畔還本國前中山相張純私謂前太山太守張舉曰今烏

桓既畔皆願為亂涼州賊起朝廷不能禁又洛陽民妻生子兩頭此漢祚衰盡天下有兩主之徵也子若與吾舉烏桓之眾

以起兵庶幾可定大業虞因舉烏桓大人其連盟攻劫天子純稱彌天將軍安定王移書州郡云當代漢告天子避位

刻公卿奉迎純又別使烏桓峭王等步騎五千改破清河平原殺害吏民朝廷以虞威信素著恩積北方明年

平太守劉政遼東太守楊終等殺至十餘萬人青冀二州改破清河平原殺害吏民安定王移封羲寶侯初平元年復徵代為

復拜虞務所殺送首詣虞靈帝遣使就拜太尉封容丘侯及董卓秉政遣使者授虞大司馬進封襄賁侯初平元年復徵代為

其客王政所殺送首詣虞靈帝遣使就拜太尉封容丘侯及董卓秉政常割青冀賦調二億有餘以紺足之時處處斷絕委輸不

閿為太傅務存寬政勸督農桓閞上谷朝市之利通漁陽鹽鐵之饒民悅年登穀石三十青徐士庶避黃巾之難歸虞者百餘萬

至而虞務存寬政勸督農桓閞上谷朝市之利通漁陽鹽鐵之饒民悅年登穀石三十青徐士庶避黃巾之難歸虞者百餘萬

口皆收視溫恤為安立生業流民皆忘其遷徙虞雖為上公天性節約敝衣繩屨食無兼肉遠近豪俊夙僭奢者莫不解操而

歸心焉初詔令公孫瓚討烏桓烱悉其遷徙虞但務會徒眾以自彊大而縱任部曲侵擾百姓而虞為政仁愛念利民物由是

與瓚漸不相平二年冀州刺史韓馥渤海太守袁紹及山東諸將議以朝廷幼沖逼於董卓遠隔關塞不知存否以虞宗室長

者欲立為主乃遣故樂浪太守張岐等齎議上虞尊號虞見岐等又詬虞領尚書事承制封拜復不聽遂收斬使

耻諸君各據州郡宜共戮力盡心王室而反造逆謀以相垢汙邪固拒之馥等又請虞領尚書事承制封拜復不聽遂收斬使

---

070 九通 （清）□□輯　清光緒二十八年（1902）上海鴻文書局石印本

框高 16.6 釐米，寬 11.7 釐米。半葉二十二行，行四十七字，小字雙行同，白口，四周單邊，單魚尾。

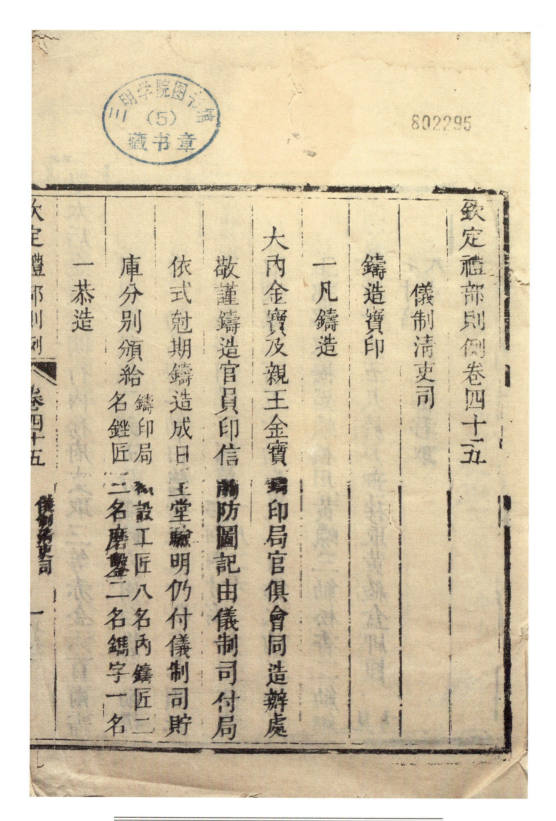

071 欽定禮部則例二百二卷 （清）特登額等編 清道光二十四年（1844）刻本

框高 17.8 釐米，寬 15.5 釐米。半葉九行，行二十字，白口，四周雙邊，單魚尾。

南靖縣 道光貳年刊

戶口人丁項下

原額人丁捌千叄百玖拾壹丁肆

一徵料鹽綱丁玖百捌拾捌丁　每丁徵銀壹錢貳分捌釐
肆毫伍絲
陸忽壹纖

共徵銀壹百貳拾陸兩玖錢壹分肆釐

一徵料鹽差丁柒千肆百叄丁　每丁徵銀叄錢捌分貳釐
貳毫壹絲貳忽
肆微玖纖貳沙

共徵銀貳千捌百貳拾玖兩伍錢壹分玖

釐內除雍正拾壹年於酌度地方等事

072 福建通省賦役總冊全書七十九卷　（清）□□輯　清乾隆刻本

框高21.1釐米，寬15.8釐米。半葉十行，行二十字，小字雙行同，白口，四周雙邊，單魚尾。

欽定戶部則例卷一

戶口一

比丁

一八旗壯丁三年編審一次在京由京城佐領

編審造冊在屯者派辦事委協領催赴屯查

對辦理

該寢各衙門及外省駐防外任旗員家口由該管官編

審造冊凡壯丁以年至十六歲為準及歲者

核實入冊未及歲巳挑養育兵者於各名下

同治三年校刊 □□部則列卷一 戶口 一

073 欽定户部則例一百卷卷首一卷 （清）□□編 清同治

十三年（1874）刻本

框高17.0釐米，寬14.5釐米。半葉九行，行二十字，小字雙行同，
白口，四周雙邊，單魚尾。

此條係於同治
十年正月二十
三日奏明專歸
部庫收捐之款
外省不准兌收

捐復降革離任

一京外滿漢文武降級離任捐復如報捐銀數多於捐
復革職離任銀數者即照現定捐復革職離任銀數
報捐

一京外文武官員降調離任除曾奏

特旨加級紀錄不准抵銷之員及在京文職翰詹科道以上
在外文職藩臬以上武職總兵以上並文職
京察大計武職軍政被劾及降調後業經補官均不准捐
復外其餘降調各員情節較輕事屬因公者俱准一
降革離任

貞

074 增修現行常例不分卷　（清）戶部編　清咸豐刻本

框高 17.50 釐米，寬 13.4 釐米。半葉九行，行字不等，白口，四
周雙邊，單魚尾。

捐升

一 現任實缺人員不論正途捐納俱照本例現任人員

應捐銀數辦理毋庸與貢監生比較銀數如有兩途

並係升階層遞捐升較之貢監生銀數均有短少而

以兩途所少之數互相比較又有多寡者應照數多

之項報捐以昭平允原定條款

一 升署未經實授人員如有援例捐升者應令其先捐

免實授再行捐升原定條款

一 由廩貢生報捐雙月訓導遞捐雙月教諭續行捐升

條款

075 增修籌餉事例條款不分卷 （清）戶部撰　清刻本

框高 17.1 釐米，寬 13.5 釐米。半葉九行，行字不等，白口，四周雙邊，單魚尾。

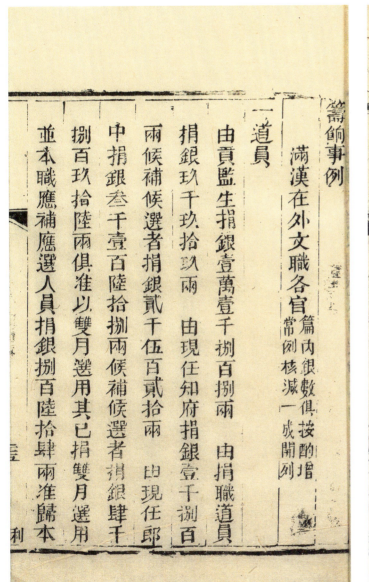

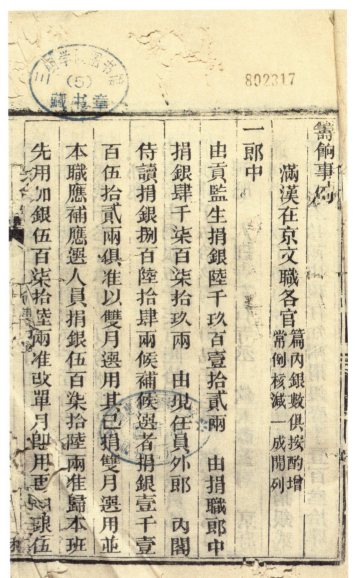

籌餉事例

滿漢在京文職各官　篇內銀數俱按酌增　常例核減一成開列

一郎中

由貢監生捐銀陸千玖百壹拾貳兩　由捐職郎中　內閣
捐銀肆千柒百柒拾玖兩　由現任員外郎
侍讀捐銀捌百陸拾肆兩候補候選者捐銀壹千壹
百伍拾貳兩俱准以雙月選用其已捐雙月選用並
本職應補應選人員捐銀伍百柒拾陸兩准歸本班
先用加銀伍百柒拾壹兩准改單月即用更捐銀伍

籌餉事例

滿漢在外文職各官　篇內銀數俱按酌增　常例核減一成開列

一道員

由貢監生捐銀壹萬壹千捌百捌兩　由捐職道員
捐銀玖千玖拾玖兩　由現任知府捐銀壹千捌百
兩候補候選者捐銀貳千伍百貳拾兩　由現任郎
中捐銀叁千壹百陸拾捌兩候補候選者捐銀肆千
捌百玖拾陸兩俱准以雙月選用其已捐雙月選用
並本職應補應選人員捐銀捌百陸拾肆兩准歸本

076 籌餉事例條款不分卷　（清）戶部撰　清咸豐刻本

框高 17.50 釐米，寬 13.2 釐米。半葉九行，行字不等，白口，四周雙邊，單魚尾。

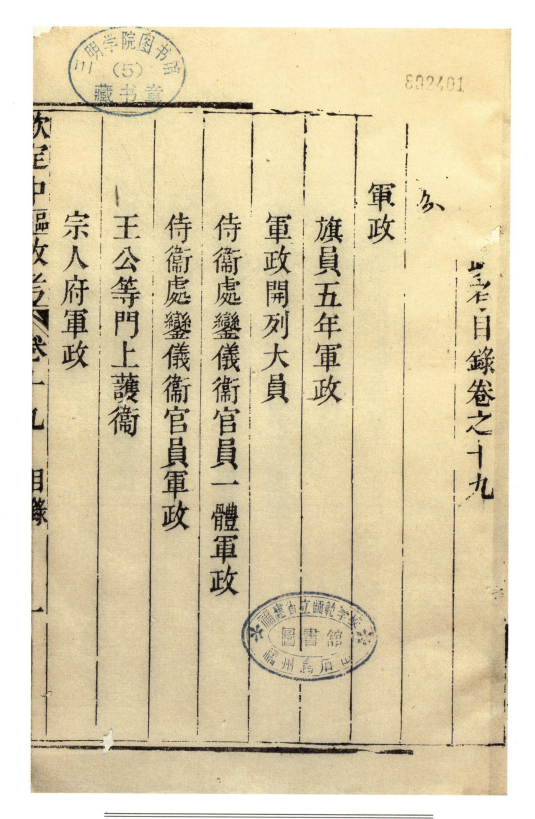

軍政

欽定中樞政考卷之十九 目錄

軍政

旗員五年軍政

軍政開列大員

侍衛處鑾儀衛官員一體軍政

侍衛處鑾儀衛官員軍政

王公等門上護衛

宗人府軍政

欽定中樞政考卷之十九 目錄 一

077 欽定中樞政考九十卷 （清）明亮 （清）納蘇泰等纂修

清道光五年（1825）刻本

框高 19.7 釐米，寬 15.8 釐米。半葉九行，行二十字，小字雙行同，白口，四周雙邊，單魚尾。

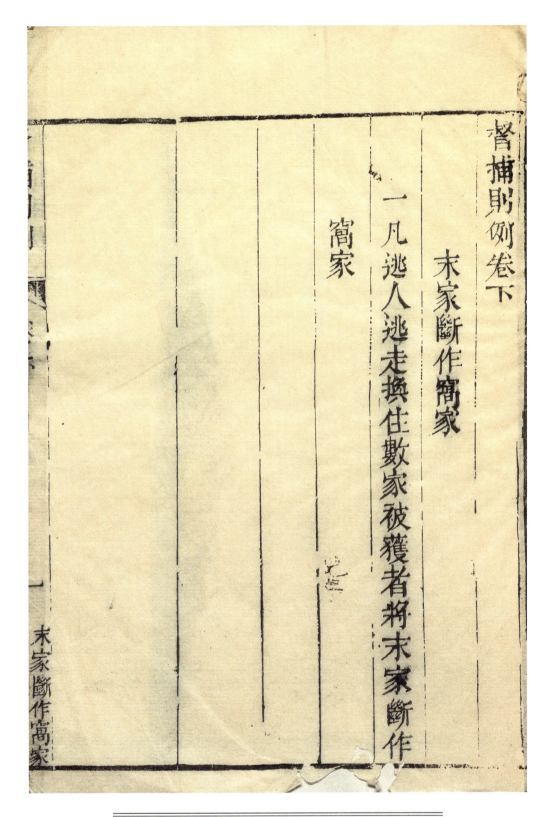

078 督捕則例二卷 （清）徐本等纂 （清）唐紹祖等修 清乾
隆武英殿刻本
框高 20.6 釐米，寬 16.3 釐米。半葉九行，行十八字，白口，左右
雙邊，單魚尾。

海防捐輸事例條款目錄

文職報捐分缺先用分缺間用班次　　內報捐遇缺

儘數分先前分間前儘先前等項仍應停止

文職報捐各項本班儘先

文職分發分缺先用等項人員捐免試用

筆帖式捐分缺先用等班捐免期滿

新例報捐人員按卯輪選並驗看分發

大挑一等知縣回籍聽候咨取人員准報捐分發

候補候選人員准先行捐免遠省並捐入近省選補

海防事例

乾

079 海防事例不分卷　（清）戶部等撰　清光緒刻本

框高 17.7 釐米，寬 13.6 釐米。行款不一。

欽定戶部軍需則例卷之一

俸賞行裝

一調派京營滿洲官兵內地擒捕賊盜俸賞行裝

調派京營滿洲官兵內地擒捕賊盜官員按品賞俸一

年兵丁每名賞銀二十兩官兵之跟役每名賞皮衣銀

一查向例由京派往出征官員賞給二年俸銀兵丁

一兩賞整裝銀四十兩官兵之跟役賞皮衣銀二兩山

東勦捕王倫案內官員賞一年俸銀兵丁賞整裝銀

二十兩官兵跟役減半賞皮衣銀一兩今照此定擬

出征外域隨營辦事部院文職官員俸賞行裝

一派往軍營出征辦事各部院衙門大臣官員各按品級

080 欽定户部軍需則例九卷續纂一卷兵部軍需則例五卷工部軍需則例一卷 （清）阿桂撰　清乾隆刻本

框高 19.5 釐米，寬 15.5 釐米。半葉九行，行二十三字，小字雙行同，白口，四周雙邊，單魚尾。

議處官員分別公私

嘉慶二十五年十月二十三日奉

上諭軍機大臣六部議覆整飭部務條陳一摺所議

甚是六部律令務在持其大綱則政清而易理外

省庶務原皆責成於地方官此在督撫分別賢能

庸劣舉錯公明自收得人之效其或不效則督撫

豈能辭咎部中多立科條州縣無日不奉行具文

轉荒其教養本務於事何益而公罪繁多賢吏或

因此廢黜不肖者巧於規避部書得以舞文納賄

欽定兵部處分則例〈卷二一〉公式

081 欽定兵部處分則例八旗三十七卷綠營三十九卷 （清）
伯麟等修 （清）慶源等纂 清道光刻本
框高 19.9 釐米，寬 16.0 釐米。半葉九行，行二十字，白口，四周雙邊，單魚尾。

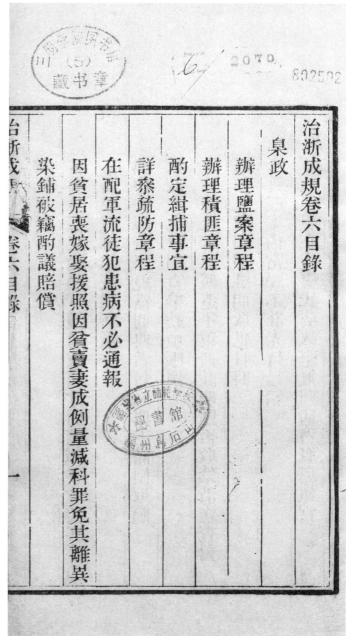

治浙成規卷六目錄

梟政

辦理鹽案章程

辦理積匪章程

酌定緝捕事宜

詳菜疏防章程

在配軍流徒犯患病不必通報

因貧居喪嫁娶援照因貧賣妻成例量減科罪免其離異

染舖被竊酌議賠償

辦理鹽案章程

浙江按察使司台，呈詳爲請定辦理鹽案之章程以便

畫一遵照事案照乾隆元年間經安蘇兩臬司於一件詳

請分別販私等事案內詳定嗣後凡有肩挑背負車船夾

帶私鹽如四十觔以至六十觔者枷號二十日責二十板

過六十觔至七十觔者枷號二十五日責二十五板過七

十觔至八十觔者枷號一個月責三十五板過八十觔至九

十觔者枷號三十五日責四十板過九十觔至一百觔

者枷號四十日責四十板等因又於乾隆八年六月間經

082 治浙成規八卷 （清）□□輯 清道光刻本

框高 19.2 釐米，寬 13.5 釐米。半葉九行，行二十四字，白口，四周雙邊，單魚尾。

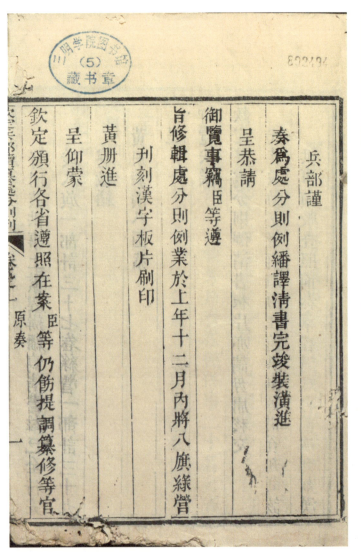

083 欽定兵部續纂處分則例四卷 （清）慶源等纂　清道光刻本

框高 19.6 釐米，寬 16.0 釐米。半葉九行，行二十字，白口，四周雙邊，單魚尾。

大清新法令第三類

任用

升轉

光緒三十一年五月初二日內閣具奏侍讀典籍等官升途摺

奉

硃批吏部議奏欽此欽遵知照到部查原奏內開查會典內所載臣衙門職掌甚

為繁重該員等逐日到閣分任各事恭備要差異常勤苦由考取候補中書到閣分隸

各處當差須歷任學習貼寫各階方升典籍必資深三四十年始能保列一

等題升侍讀除 京察保列一等奉 旨記名以道府用外並無別項升階侍讀與各

部院員外郎既同一律而升途不一郎中員外郎除 京察一等奉 旨記名以道府

用外有升四五品京堂有調各監督等差今吏部 奏准疏通以知府等官分省補用

各新章惟臣衙門侍讀等升途較隘查臣衙門額設滿洲侍讀學士四缺從前遇有缺

出俱由臣衙門侍讀內揀選升補嗣經改章以資深郎中題升停止侍讀升侍讀學士

一階復於乾隆十七年經原任大學士公傅恆等奏准出缺後一次由吏部於五品京

堂及郎中內題升一次由本衙門侍讀內擇其年久熟諳之員擬定正陪引 見恭候

吏部奏議覆內閣奏變通侍讀典籍等官升途摺

吏部奏議覆內閣奏變通侍讀典籍等官升途摺

大清新法令 第三類 任用 升轉 一 商務印書館印行

---

084 大清光緒新法令不分卷 （清）商務印書館編譯所編 清

宣統元年（1909）鉛印本

框高 16.2 釐米，寬 11.5 釐米。半葉十六行，行三十三字，黑口，

四周雙邊，單魚尾。

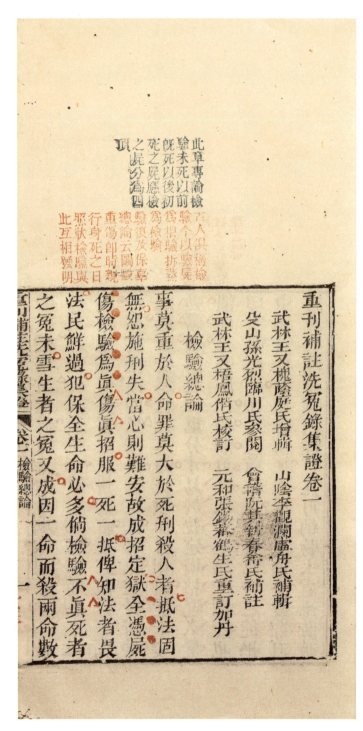

085 重刊補註洗冤錄集證六卷　（宋）宋慈撰　（清）王又槐增
輯　（清）李觀瀾補輯　（清）阮其新補註輯　清光緒三年（1875）
刻四色套印本
框高 15.5 釐米，寬 13.0 釐米。半葉十行，行十八字，小字雙行同，
左右雙邊，單魚尾。

欽定吏部處分則例卷之三

陞選

吏部開缺定限

一凡各部院等衙門所屬滿官以及內閣中書

國子監學正學錄刑部司獄五城兵馬司正

副指揮吏目並各省臨大使庫大使等官缺

出均於每月底截缺大建於三十日截扣小

建於二十九日截扣如必須具題請

吉者二十一日以前到部之案務於本月二十六日

欽定吏部則例 卷之三 吏陞選

086 欽定吏部處分則例五十二卷　（清）吏部纂修　清刻本

框高 18.7 釐米，寬 15.3 釐米。半葉九行，行二十字，小字雙行同，白口，四周雙邊，單魚尾。

欽定工部則例卷之三

城垣

城垣責令武職稽查

一修整城垣責令武職城守汛防等官督兵保
護如遇坍塌一面移縣一面通報各上司分
別修理倘狗隱不詳照承查遲延例議處如
既報之後文員不依限修竣照修造遲延例
議處武職離任照文職之例將城垣完固損
壞各情形查明交代取結詳報督撫存案

087 欽定工部則例九十八卷 （清）福長安等修 清嘉慶三年
(1798) 刻本

框高 20.8 釐米，寬 15.8 釐米。半葉九行，行二十字，小字雙行同，
白口，四周雙邊，單魚尾。

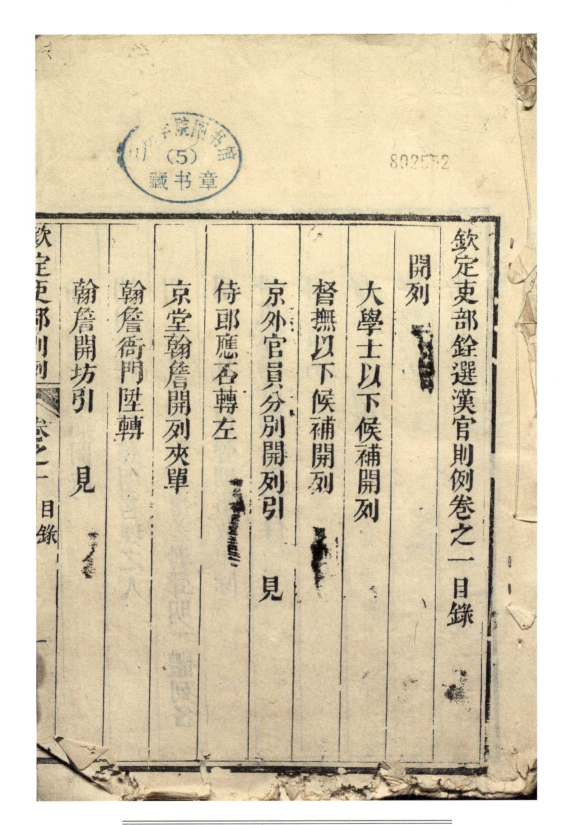

088 欽定吏部銓選漢官則例八卷 （清）吏部編　清刻本

框高 19.0 釐米，寬 15.3 釐米。半葉九行，行二十字，小字雙行同，
白口，四周雙邊，單魚尾。

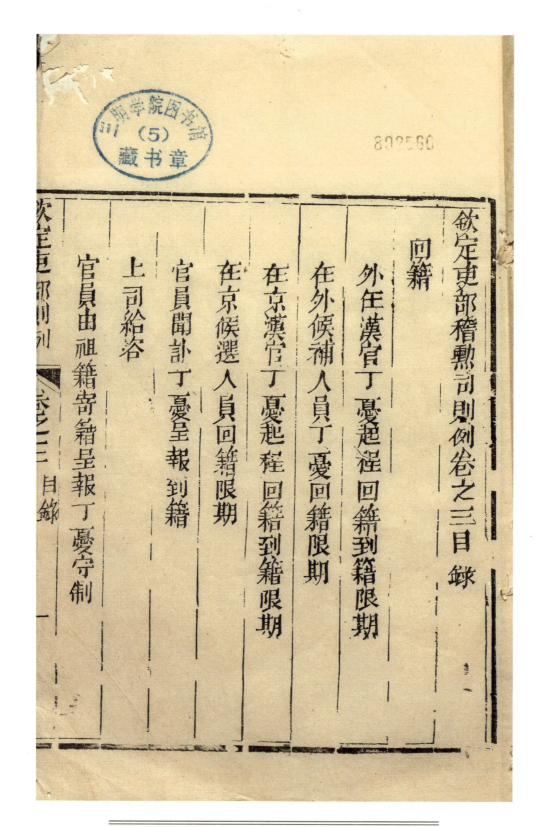

089 欽定吏部稽勳司則例八卷 （清）吏部編　清咸豐刻本

框高 17.5 釐米，寬 15.0 釐米。半葉九行，行二十字，小字雙行同，
白口，四周雙邊，單魚尾。

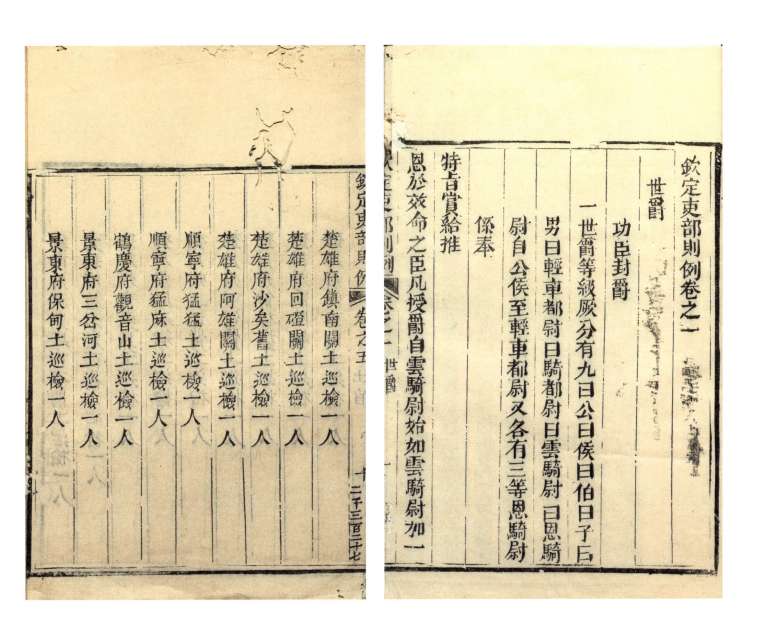

欽定吏部則例卷之一

世爵

功臣封爵

一世爵等級厥分有九曰公曰侯曰伯曰子曰男曰輕車都尉曰騎都尉曰雲騎尉曰恩騎尉自公侯至輕車都尉又各有三等恩騎尉

係奉

特旨賞給推

恩於效命之臣凡授爵自雲騎尉始加雲騎尉加一

欽定吏部則例　卷之五　土官

楚雄府鎮南關土巡檢一人

楚雄府回磴關土巡檢一人

楚雄府沙矣舊土巡檢一人

楚雄府阿雄關土巡檢一人

順寧府猛猛土巡檢一人

順寧府猛麻土巡檢一人

鶴慶府觀音山土巡檢一人

景東府三岔河土巡檢一人

景東府保甸土巡檢一人

090 欽定吏部則例□□卷　（清）吏部纂修　清末刻本

框高 18.2 釐米，寬 14.8 釐米。半葉九行，行二十字，小字雙行同，白口，四周雙邊，單魚尾。

欽定吏部銓選滿洲官員品級考卷之一

正一品

太師 太傅 太保 係

少師 少傅 少保晉銜

內閣各部院大臣加銜

正一品

內閣大學士 開列具題 告休病故員缺侯

月以後請 旨開列降革員缺

即行開列 凡文職四品以上俱係滿洲蒙

古一體開列壁轉毋庸於應壁各項下開註

滿洲蒙古字樣至五品以下間有滿

洲蒙古兼用者俱於本缺下註明

欽定吏部則例 卷之一 銓選滿洲官員品級考一

---

091 欽定吏部銓選滿洲官員品級考四卷 （清）吏部纂修

清光緒十二年（1886）刻本

框高19.0釐米，寬15.0釐米。半葉九行，行字不等，白口，四周雙邊，單魚尾。

欽定吏部銓選滿洲官員則例卷之四

雜例

滿洲官員掌印

一各部院衙門司印俱令滿洲郎中掌管如無

郎中令員外郎掌管京畿道河南道印都察

院揀選具題令其掌管餘聽都察院酌量派

委掌管

一六科掌印由都察院揀選具題掌管

京堂謝　恩

欽定吏部銓選滿洲官員

銓選滿洲官員　一

092 欽定吏部銓選滿洲官員則例五卷 （清）吏部纂修　清光
緒十二年（1886）刻本
框高18.0釐米，寬15.0釐米。半葉九行，行字不等，白口，四周雙邊，
單魚尾。

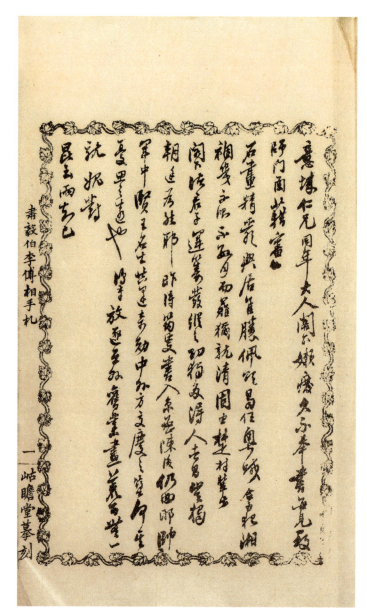

093 名賢手札八種不分卷　（清）郭子瀟輯　清光緒十九年
(1893) 上海實文書局石印本
框高 14.8 釐米，寬 11.0 釐米。行款不一，白口，四周花邊。

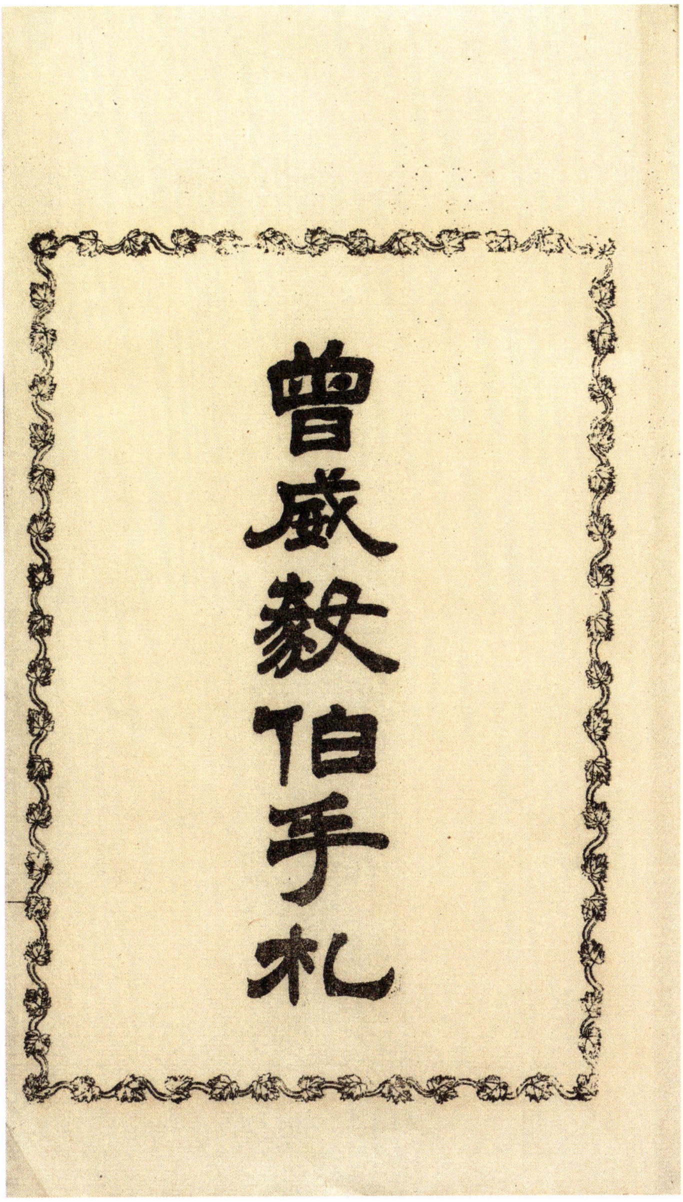

曾威毅伯手札

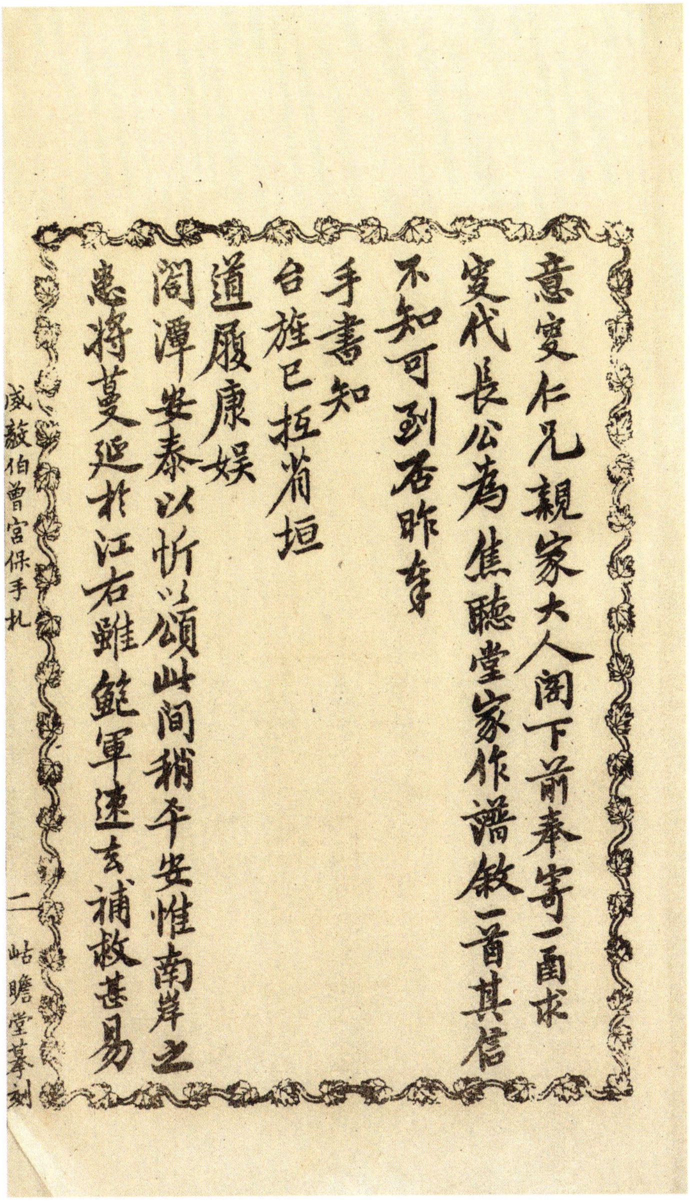

意宦仁兄親家大人閣下前奉寄一函求
宦代長公為焦聽堂家作譜敘一首其信
不知可到否昨奉
手書知
台旌已抵湘垣
道履康娛
閣潭安泰以忻以頌此間稍平安惟南岸之
逆將蔓延於江右雖鮑軍速去補救甚易

威毅伯曾宮保手札　二　岵瞻堂摹刻

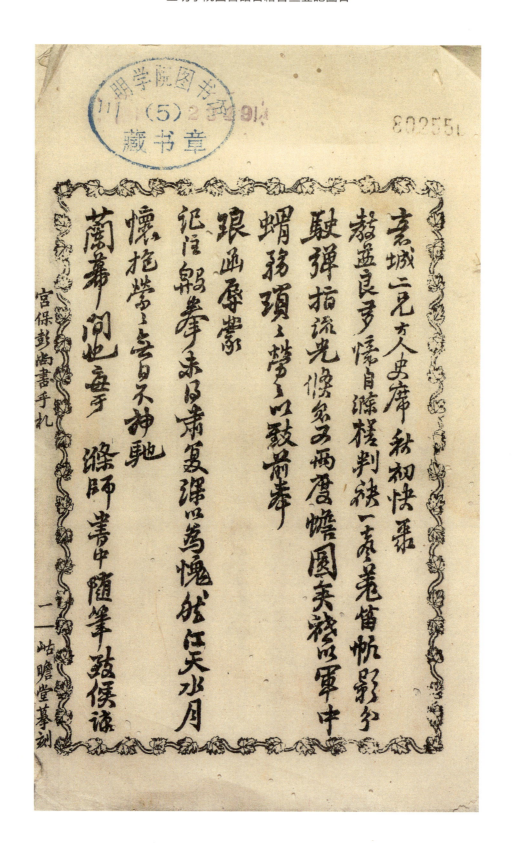

歷代地理志韻編今釋卷一

武進李兆洛輯

受業江陰 宋景昌 徐思鍇 編集　六嚴　六承如

上平一東

東

西漢郡 ● 東漢郡司隸 ○ ○ 曾郡司州 ○ ○ 今山西解州

河東夏縣北 北魏郡秦州 ● 南齊郡荆州 ○ 今湖北荆州府松滋縣西 ● 隋郡冀

州 ○ 隋縣冀州河東郡 ○ 今山西蒲州府 唐縣河東道河中府 ○ ● 今山西蒲州府永濟縣治 ● 元縣唐州

西承興軍路河中府 ○ 金縣河東南路河中府 ○ 今山西蒲州府永濟縣治

書省晉寧路河中府

歷代地理志韻編今釋卷一東

094 歷代地理志韻編今釋二十卷　（清）李兆洛撰　清光緒石印本

框高18.5釐米，寬12.6釐米。半葉八行，行十一字，白口，四周雙邊，單魚尾。

095 浙江全省輿圖並水陸道里記不分卷 （清）宗源瀚等撰

清光緒二十年（1894）石印本

框高 20.8 釐米，寬 15.1 釐米。行款不一，白口，左右雙邊，單魚尾。

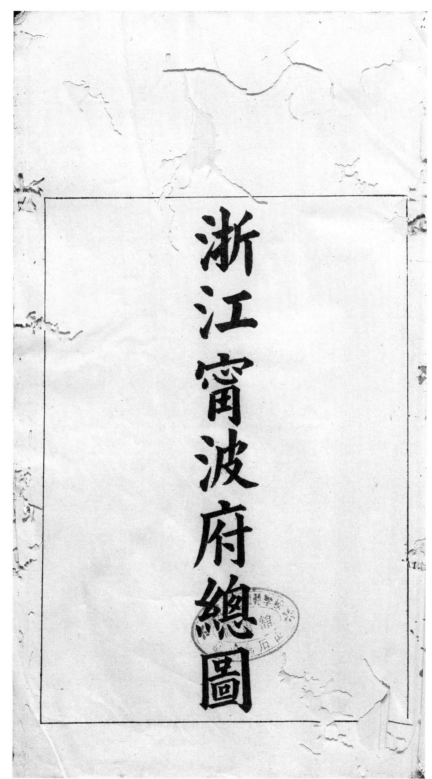

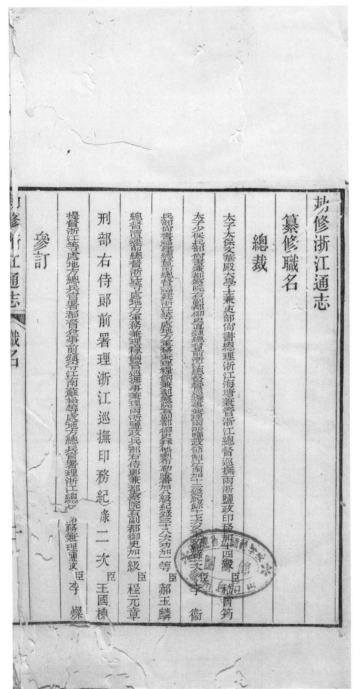

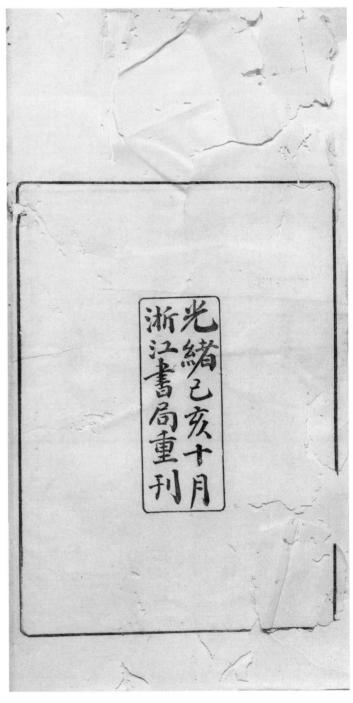

096 [雍正] 浙江通志二百八十卷首三卷　（清）李衛等撰

清光緒二十五年（1899）刻本

框高 18.2 釐米，寬 14.2 釐米。半葉十行，行二十二字，小字雙行
同，白口，左右雙邊，單魚尾。

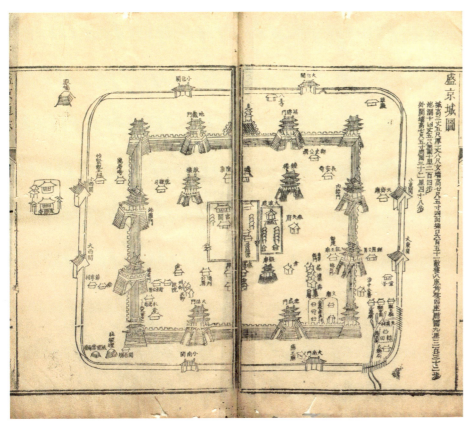

097 [乾隆] 盛京通志四十八卷首一卷 （清）呂耀曾等修

（清）魏樞等纂修 （清）雷以誠續纂修 清乾隆元年（1736）刻本
框高 19.5 釐米，寬 14.0 釐米。半葉十行，行二十一字，白口，四
周雙邊，單魚尾。

098 廣雁蕩山志二十八卷首一卷末一卷 （清）曾唯纂 清刻本

框高 13.5 釐米，寬 9.9 釐米。半葉九行，行二十一字，白口，四周雙邊，單魚尾。

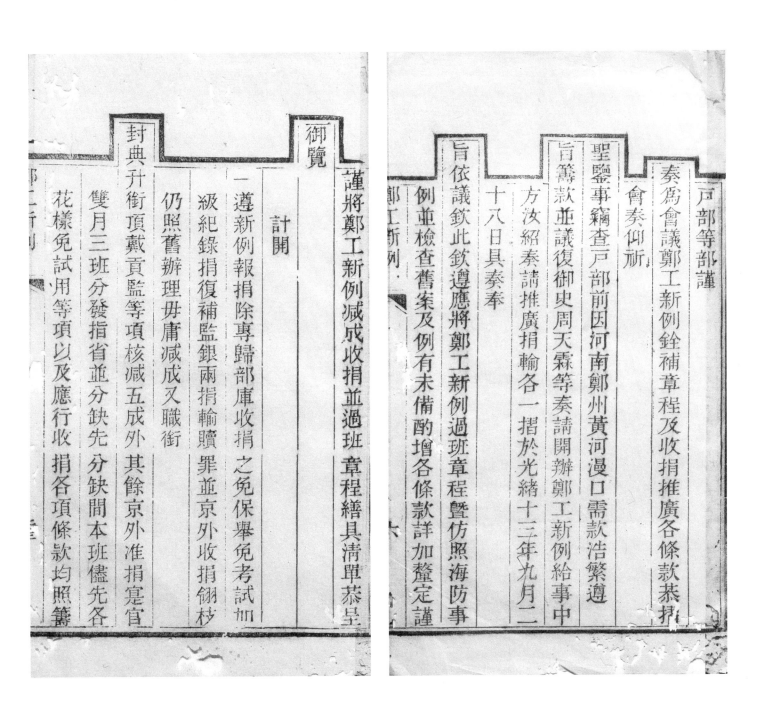

御覽

計開

一遵新例報捐除專歸部庫收捐之免保舉免考試加級紀錄捐復補監銀兩捐輸贖罪並京外收捐翎枝仍照舊辦理毋庸減成又職銜

封典升銜頂戴貢監等項核減五成外其餘京外准捐寬官雙月三班分發指省並分缺先分缺間本班儘先各花樣免試用等項以及應行收捐各項條款均照籌

謹將鄭工新例減成收捐並過班章程繕具清單恭呈

鄭工新例

旨依議欽此欽遵應將鄭工新例過班章程暨仿照海防事例並檢查舊案及例有未備酌增各條款詳加釐定謹

十八日具奏奉

方汝紹奏請推廣捐輸各一摺於光緒十三年九月二

旨籌款並議復御史周天霖等奏請開辦鄭工新例給事中

聖鑒事竊查戶部前因河南鄭州黃河漫口需款浩繁遵

會奏仰祈

奏為會議鄭工新例銓補章程及收捐推廣各條款恭摺

戶部等部謹

099 鄭工新例銓補章程海防新例銓補章程增修現行常例一卷

（清）戶部編　清光緒十三年（1887）刻本

框高 17.2 釐米，寬 13.5 釐米。半葉九行，行二十一字，白口，四周雙邊，單魚尾。

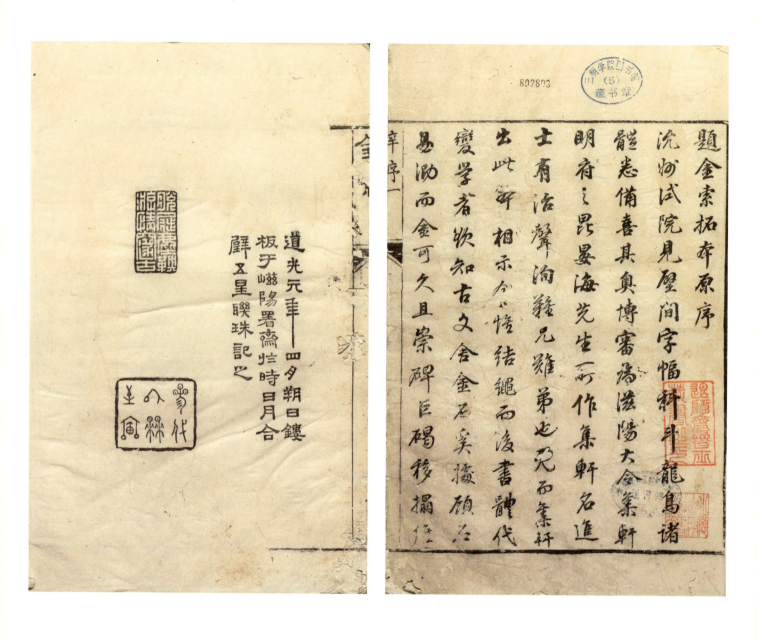

100 金石索十二卷首一卷　（清）馮雲鵬　（清）馮雲鵷輯

清道光元年（1821）紫琅馮氏遂古齋刻本

框高 26.7 釐米，寬 21.5 釐米。行款不一，四周單邊，單魚尾。

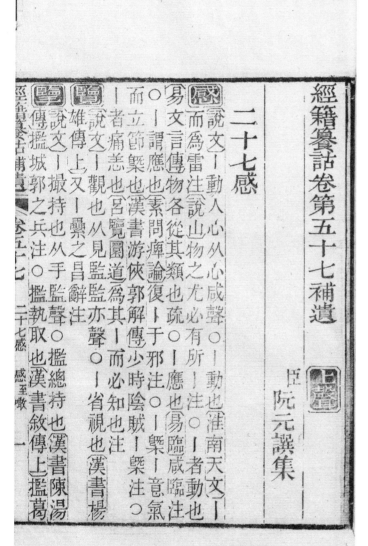

經籍纂詁卷第五十七　上聲　臣阮元譔集

二十七感

感〔動也易繫辭上〕—而遂通天下之故虞注又〔詩〕
漢書外戚傳下集注又〔爾雅釋詁〕—我悅今傳又〔禮記〕樂記—條暢之氣正義又〔史記樂書〕滌蕩之氣注又
南原道—而應之額釋文引司馬注又〔文選西京賦〕—河馮注又
觸也莊子山木—周之額釋文又〔呂覽精通〕雷霆之所注又
也笛賦—發也南僑務故在所以注〔文選長—〕
後漢劉趙淳于江劉周趙傳注—猶思長〔文選景
福殿賦—物象而思深注〔上責躬應詔詩表竊—相
〔二十七感〕感覽一

經籍纂詁卷第五十七補遺　上聲　臣阮元譔集

二十七感

感〔動人心也心咸聲○〕—動也淮南天文—〔動也〕而—爲雷注說山物之尤必有所—者動也〔易臨咸〕注○〔咸咸注○意氣〕
易文言傳物各從其額—也疏于邪時陰賊—省視也〔樂記注意氣〕
而—謂應也漢書游俠郭解傳少—而必知也〔樂記〕注○
雄傳上又〔呂覽圜道爲其監〕監聲○
而立節—也呂覽圜道—亦聲○
者痛羞也昌—辭—而必〔漢書楊〕
說文—觀也從見監—監聲○撼總持也漢書陳湯
說文—撮持也從手監—執取也〔漢書楊〕
傳撼城郭兵注○〔二十七感〕感至嗽　一

101 經籍纂詁一百六卷首一卷　（清）阮元撰　清光緒六年
(1880) 淮南書局刻本
框高14.0釐米，寬10.9釐米。半葉八行，行二十字，小字雙行同，
白口，左右雙邊，單魚尾。

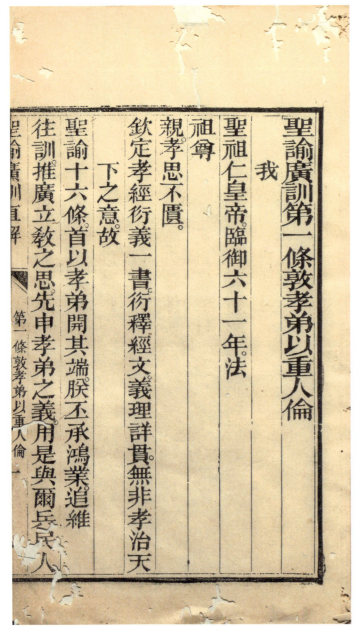

102 聖諭廣訓直解一卷　（清）聖祖玄燁撰　（清）世宗胤禛
廣訓　（清）□□直解　清道光三十年（1850）刻本
框高 20.5 釐米，寬 13.6 釐米。半葉九行，行二十一字，白口，四
周雙邊，單魚尾。

大學衍義卷之二

帝王為學之本

大禹謨　虞書篇名紀大
禹所陳之謀謨

心惟微惟精惟一允執厥中

朱熹曰上古聖神繼天立極而道統之傳有自來矣
其見於經則允執厥中者堯之所以授舜也人心惟
危道心惟微惟精惟一允執厥中者舜之所以授禹
也堯之一言至矣盡矣而舜復益之以三言者則所
以明夫堯之一言必如是而后可庶幾也夫心之虛
靈知覺一而已矣而以為有人心道心之異者以其

大學衍義卷之一

賜進士第知浦城縣事武陵楊　鶚　重刊

賜進士第知浦城縣事蘭陵丁　莘　重較

儒學署教諭事蘭人朱朝熙

邑後學舉人張喬松　　訓導　林㭾樹

裔孫序生　文望　督梓

帝王為治之序

堯典　虞書篇名者常也
典書篇名

堯典曰若稽古帝堯曰若發語辭曰字與粵
之帝堯其曰放勳放至也亦廣大之意如稽考也言考古
事云云也曰放勳放乎四海之放勳功也欽明文思安

103 大學衍義四十三卷　　（宋）真德秀撰　清同治浦城真氏西
山祠堂刻本
框高 20.4 釐米，寬 14.6 釐米。半葉十行，行二十一字，小字雙行
同，白口，四周雙邊，單魚尾。

— 157 —

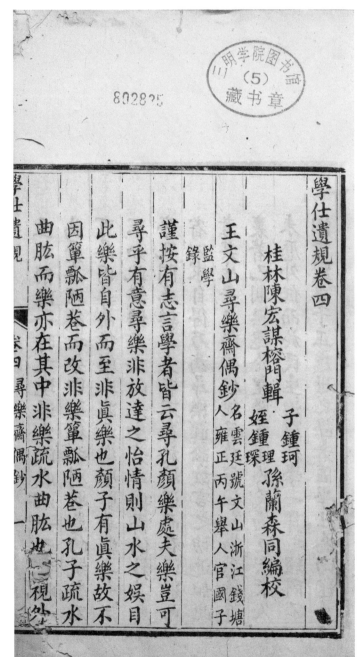

學仕遺規卷四

桂林陳宏謀榕門輯
　　　　子鍾珂
姪鍾琛理　孫蘭森同編校

王文山尋樂齋偶鈔　名雲廷號文山浙江錢塘人雍正丙午舉人官國子監學錄

謹按有志言學者皆云尋孔顏樂處夫樂豈可尋乎有意尋樂非放達之怡情則山水之娛目此樂皆自外而至非真樂也顏子有真樂故不因簞瓢陋巷而改非樂簞瓢陋巷也孔子疏水曲肱而樂亦在其中非樂疏水曲肱也視外

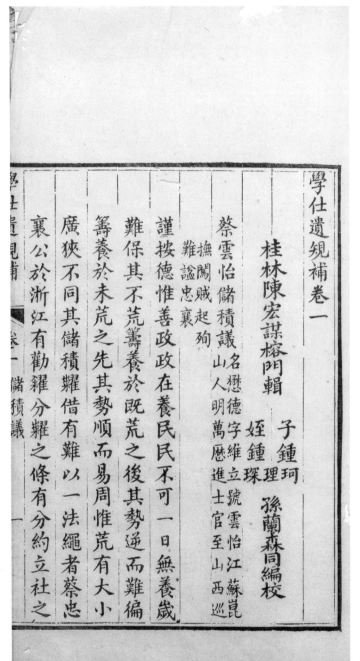

學仕遺規補編卷一

桂林陳宏謀榕門輯
　　　　子鍾珂
姪鍾琛理　孫蘭森同編校

蔡雲怡儲積議　名懋德字維立號雲怡江蘇崑山人明萬曆進士官至山西巡撫閩賊起殉難謚忠襄

謹按德惟善政政在養民民不可一日無養歲
籌養於未荒之先其勢順而易周惟荒有大小
難保其不荒籌養於既荒之後其勢逆而難編
廣狹不同其儲積艱借有難以一法繩者蔡忠
襄公於浙江有勸羅分糴之條有分約立社之

---

104 學仕遺規四卷補編四卷　（清）陳宏謀編　清宣統二年
(1910) 學部圖書局石印本
框高 17.9 釐米，寬 12.5 釐米。半葉十行，行二十字，白口，四周
雙邊，單魚尾。

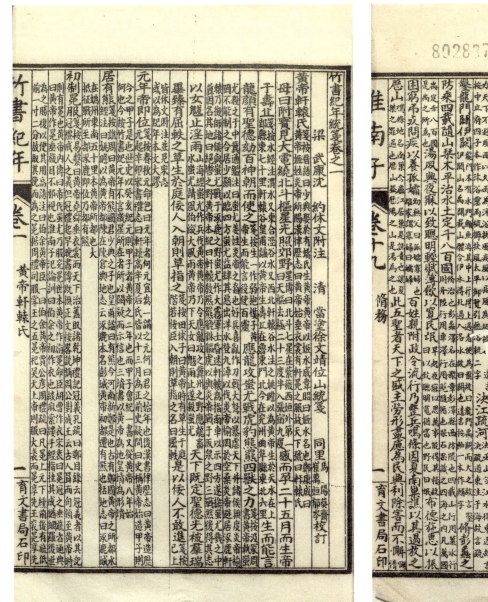

105 二十五子全書 （清）□□編　清宣統三年（1911）上海育

文書局石印本

框高 16.8 釐米，寬 11.2 釐米。半葉十八行，行四十二字，小字雙

行同，白口，四周雙邊，單魚尾。

右頁：

補注黃帝內經素問卷一

新校正云按王氏不輯所以名素問之義及全元起隋書經籍志始有素問之名隋書經籍志云素問九卷皇甫謐以素問論病精微九卷之數皆名素問按王氏素問注云黃帝素問漢書藝文志黃帝內經十八卷素問即其經之九卷也兼靈樞九卷乃其數焉

啟玄子次註　林億　孫奇　高保衡　孫兆重改誤　等奉敕校正

上古天真論　四氣調神大論
生氣通天論　金匱真言論

上古天真論篇第一　新校正云按全元起注本在第九卷王氏重次篇第移置於此詳前黃帝內經素問之目乃王氏之所加也

昔在黃帝生而神靈弱而能言幼而徇齊長而敦敏成而登天乃問於天師曰余聞上古之人春秋皆度百歲而動作不衰今時之人年半百而動作皆衰者時世異耶人將失之耶岐伯對曰上古之人其知道者法於陰陽和於術數食飲有節起居有常不妄作勞故能形與神俱而盡終其天年度百歲乃去今時之人不然也以酒為漿以妄為常醉以入房以欲竭其精以耗散其真不知持滿不時御神務快其心逆於生樂起居無節故半百而衰也

左頁：

補注黃帝內經素問卷第七

經脈別論　宣明五氣篇　血氣形志篇
藏氣法時論

經脈別論篇第二十一　新校正云按全元起本在第五卷

黃帝問曰人之居處動靜勇怯脈亦為之變乎岐伯對曰凡人之驚恐恚勞動靜皆為變也是以夜行則喘出於腎淫氣病肺有所墮恐喘出於肝淫氣害脾有所驚恐喘出於肺淫氣傷心度水跌仆喘出於腎與骨當是之時勇者氣行則已怯者則著而為病也故曰診病之道觀人勇怯骨肉皮膚能知其情以為診法也

飲食飽甚汗出於胃驚而奪精汗出於心持重遠行汗出於腎疾走恐懼汗出於肝搖體勞苦汗出於脾故春秋冬夏四時陰陽生病起於過用此為常也

食氣入胃散精於肝淫氣於筋食氣入胃濁氣歸心淫精於脈脈氣流經經氣歸於肺肺朝百脈輸精於皮毛毛脈合精行氣於府府精神明留於四藏氣歸於權衡權衡以平氣口成寸以決死生

飲入於胃游溢精氣上輸於脾脾氣散精上歸於肺通調水道下輸膀胱水精四布五經並行合於四時五藏陰陽揆度以為常也

一　育文書局石印

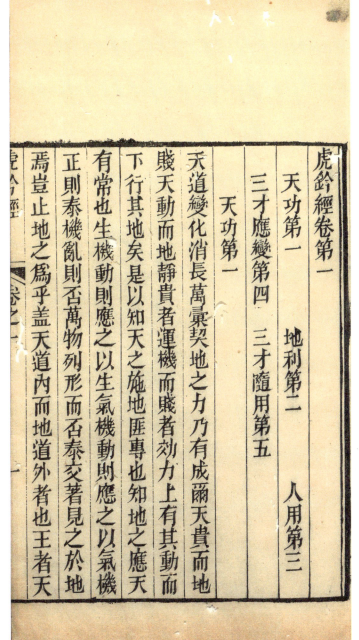

106 虎鈐經二十卷 （宋）許洞撰　清刻本

框高 18.0 釐米，寬 12.8 釐米。半葉十行，行二十字，小字雙行同，白口，左右雙邊，單魚尾。

墨子卷之六

兵部侍郎兼都察院右副都御史巡撫陝西西安等處地方贊理軍務兼理糧餉　欽賜品頂戴畢沅校注

靈巖山館原本

節用上第二十

聖人爲政一國一國可倍也　言利大之爲政天下天下可倍也其倍之非外取地也因其國家去其無足以倍

之聖王爲政其發令興事便民用財也無不加用而爲者是故用財不費民德不勞其興利多矣其爲衣裳何

以爲冬以圉寒夏以圉暑凡爲衣裳之道冬加溫夏加

淸者芊組不加者去之　芊組二字凡四見疑一鮮字之誤鮮少也言少有不加于溫淸

107 墨子十六卷篇目考一卷　（戰國）墨翟撰　（清）畢沅校注

清光緒二年（1876）浙江書局刻本

框高 18.2 釐米，寬 12.5 釐米。半葉九行，行二十一字，白口，左右雙邊，單魚尾。

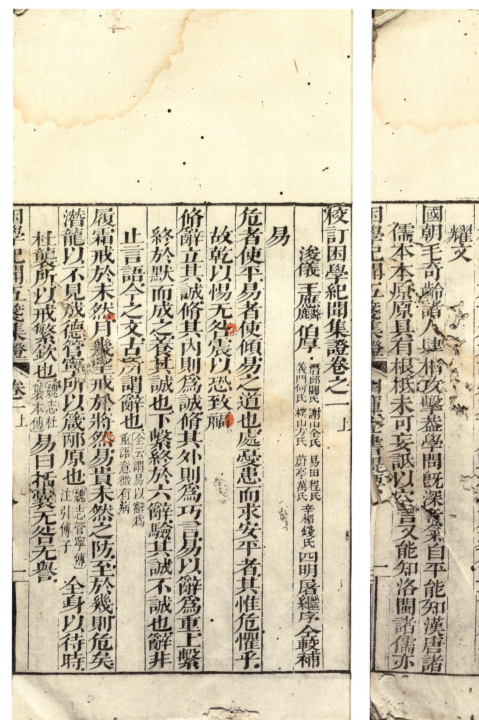

欽定四庫全書總目困學紀聞二十卷

宋王應麟撰是編乃其劄記考證之文凡說經八卷天道地理
諸子二卷考史六卷評詩文三卷雜識一卷卷首有自敍云幼
承義方晚遇艱屯炳燭之明用志不分云蓋亦成於入元之
後也應麟博洽多聞在宋代罕其倫比雖淵源亦出朱子然書
中辨正朱子語誤數條如論語註不合曾子之音孟子註
曹交曹君之弟及謂大戴禮為鄭康成註之類皆考證是非不
相阿附不肯如元胡炳文諸人堅持門戶亦不至如明楊慎陳
耀文

國朝毛奇齡諸人肆排攻擊益學問既深義氣自平能知漢唐諸
儒本本原原其有根柢未可妄詆以為言又能知洛閩諸儒亦

困學紀聞五箋集證二十

校訂困學紀聞集證卷之一 上

浚儀 王應麟 伯厚

濟邨閻氏 謝山全氏
義門何氏 樗山方氏
蔚亭萬氏 辛楣錢氏 四明屠繼序 全較補

易

危者使平易者使傾易之道也處憂患而求安平者其惟危懼乎

故乾以惕九爻震以恐致福

脩辭立其誠脩其內則為誠脩其外則為巧言易以辭為重上繫
終於默而成之養其誠 下繫終於六辭驗其誠不誠也辭并

止言語 全之文古所謂辭也 重語意微有病

履霜戒於未然 縱霍戒於將然易貴未然之防至於幾則危矣

潛龍以不見成德 管寧所以箴邴原也 魏志管寧傳注引傅子 全身以待時

杜襲所以戒繁欽也 魏志杜襲本傳 易曰括囊无咎无譽

一

108 校訂困學紀聞集證二十卷 （宋）王應麟撰 （清）王又槐
增輯 （清）閻睿邱等輯注 （清）屠繼序校 （清）萬希槐集
清嘉慶十八年（1813）刻本
框高18.3釐米，寬13.6釐米。半葉十一行，行二十五字，小字雙
行三十二字，下黑口，左右雙邊，單魚尾。

日知錄集釋卷九

崑山顧炎武著　　嘉定後學黃汝成集釋

人材

宋葉適言法令日繁治具日密禁防束縛至不可動而人
之智慮自不能出於繩約之內故人材亦以不振今與人
稍談及度外之事輒搖手而不敢爲夫以漢之能盡人材
陳湯猶扼腕於文墨吏而況於今日乎宜乎豪傑之士無
以自奮而同歸於庸懦也

使枚乘相如而習今日之經義則必不能發其文章使管
仲孫武而讀今日之科條則必不能運其權略故法令者
敗壞人材之具以防姦宄而得之者什三以沮豪傑而失

109　日知録集釋三十二卷刊誤二卷續刊誤二卷　　（清）顧炎
武撰　（清）黃汝成集釋　清同治十一年（1872）刻本
框高 18.2 釐米，寬 13.4 釐米。半葉十一行，行二十二字，黑口，
四周雙邊，雙魚尾。

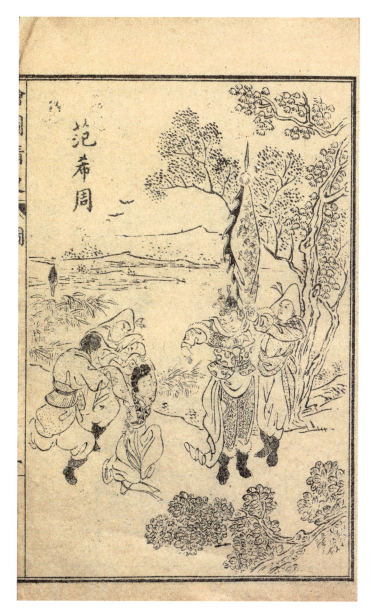

110 **繪圖情史二十四卷** （明）詹詹外史（馮夢龍）撰　清宣
統元年（1909）北京自強書局石印本
框高 17.0 釐米，寬 11.8 釐米。半葉二十三行，行四十八字，白口，
四周雙邊，單魚尾。

立秋午宫十五度　二十度　二十五度

角宿一　申正初刻〇六分〇六　申初三刻〇一分十九　申初一刻十一分五〇
亢宿一　申正三刻〇八分四二　申正二刻〇三分五五　申正初刻十四分廿六
大角　申正三刻十二分五五　申正二刻〇八分〇八　申正一刻〇三分三九
氐宿一　酉初二刻〇一分廿三　酉初初刻十一分三六　申正三刻〇七分〇七
貫索大星　酉初二刻〇二分廿五　酉初一刻十二分三八　酉初初刻〇八分〇九
房宿一　酉正二刻〇八分　酉正一刻〇三分三七　酉初三刻十四分〇八
心宿一　戌初初刻〇〇分　酉正三刻〇五分　酉正二刻〇六分廿七
尾宿一　戌初一刻十四分　戌初一刻〇九分五一　戌初初刻〇五分廿二
帝座　戌初三刻十一分　戌初二刻〇七分〇一　戌初一刻〇二分卅三
河鼓一　戌正二刻十四分三五　戌正一刻〇九分四四　戌正初刻〇五分十九
織女大星亥初一刻〇六分〇　亥初初刻〇一分十四　戌正三刻十一分四五

立秋

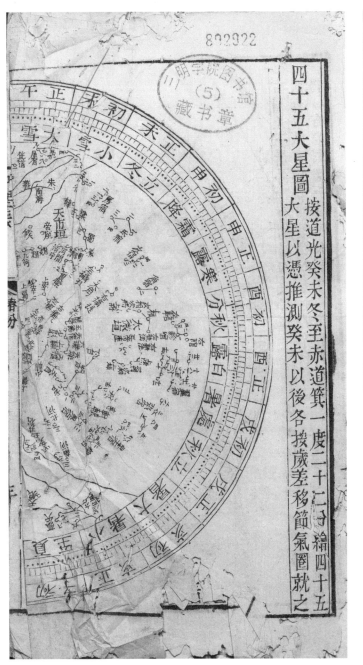

四十五大星圖

按道光癸未冬至赤道箕一度二十二分編四十五大星以憑推測癸未以後各按歲差移節氣圈就之

午正　未初　未正　申初　申正　酉初　酉正　戌初
大雪　小雪　立冬　霜降　寒露　秋分　白露　處暑　立秋

春分

111 中星表一卷　（清）徐朝俊撰　清嘉慶南匯吳省蘭聽彝堂刻本

框高21.0釐米，寬12.2釐米。行款不一，白口，左右雙邊，單魚尾。

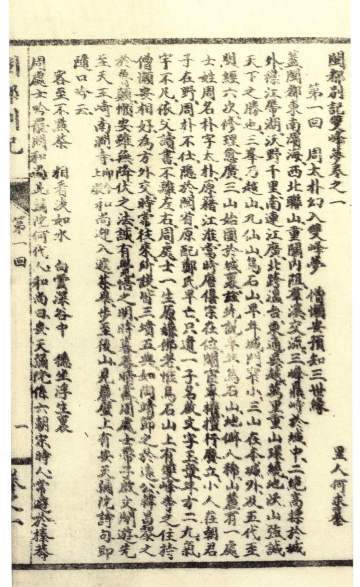

112 閩都別記二十卷四百回　（清）何求纂　清宣統三年（1911）
藕根齋石印本
框高 17.0 釐米，寬 11.5 釐米。半葉十五行，行三十二字，白口，
四周單邊，單魚尾。

尺以度律而黍以定尺古
今尺度不同而律之長短
則不可更黍之大小又未
嘗與万漢志隋志及魏劉
芳朱胡瑗俱以積黍累尺
魏公孫崇宋鄧保信李照

量倉迴法卷二

金華　張作楠　學算
錢塘　范景福　校訂
全椒　江嶧泰　補圖

較積法

問量生於黃鐘之容律呂新書言黃鐘長九寸空圍九分
積八百一十二分容千二百黍然蔡邕孟康韋昭主徑三
圍九較其積既太少胡瑗蔡元定主徑三分四釐六豪
較其積又太多依祖冲之密率得數爲近而小餘未合

113 翠微山房數學十五種　（清）張作楠撰　清光緒二十三年（1897）石印本

框高 17.5 釐米，寬 13.0 釐米。半葉九行，行二十二字，白口，左右雙邊，單魚尾。

方田通法補例卷一

金華　張作楠　學算

錢塘　范景福　校訂

全椒　江臨泰　補圖

徐華西既屬楠撰量倉通法復以梅氏方田通法立術簡奧未設算例又環斜弧矢眉梯錢錠諸形難以徑得屬仿量倉法補成完帙使田曹倉曹各有專書攷方田法自九章以下若孫子五曹夏侯陽張邱建程賓渠諸家踵而加詳然圓方相求僅據舊率故未密合惟數理

方田通法補例　卷一　一

倉田通法續編中卷

金華　張作楠　學算

麗水　俞俊　編次

全椒　江臨泰　補圖

設例中

量田按四庫全書提要云李冶測圓海鏡以立天元一法爲根學者驟欲通之茫無門徑可入惟因方圓冪積以明之其理猶屬易見故於益古衍段方圓相求各題下皆以此法步之爲草俾學者得以易入云云是益古演段洵習立天元者之指南也今依術布算另爲一卷次於句股弧矢諸法後庶幾隱伏糅雜諸題可迎刃而解矣

問方田內有圓池占之外計田一十三畝七分半從外田

倉田通法續編　中卷　一

弧角設如卷下

金華張作楠撰算例

全椒江臨泰補對數

斜弧三角形

兩弧夾一角　切線分外角一　附弧總較法

設如北極出地二十九度二十分清明後五日太陽距赤

道緯北七度五十分巳正初刻求太陽地平經緯度及

黃赤過兩極經圈交角各幾何

如甲乙丙斜弧三角形甲為北極乙為天頂庚辛為

揣籥續錄卷上

金華　張作楠　學

全椒　江臨泰　校

余旣撰揣籥小錄以備測時之用復因梅氏諸方日軌以

弧三角法逐節氣求太陽距地平高度係用新法黃赤距

緯二十三度三十一分推算又列表自北極高二十度至

四十二度止而二十度以前如廣東之瓊海五十度以外

如黑龍江烏喇等處現隷版圖者皆未之及謹依

欽定歷象考成後編實測黃赤大距二十三度二十九分

梅氏叢書輯要卷八

宣城梅文鼎定九甫著

弟梅文鼐爾素甫學

孫　彀成循齋

玕成肩琳　重校輯

曾孫　釴用和同校字

鈖徽名

鈃二如

度算釋例一

　作尺之度

用厚銅片或厚紙或堅木等木。黃楊作兩長股。任長一尺。上下廣加長八之一。兩股等長等廣股首上角為樞以樞心為心從心出

114 梅氏叢書輯要二十三種附録二種　（清）梅文鼎撰
（清）梅毅成輯　清同治十三年（1874）刻本
框高19.0釐米，寬13.3釐米。行款不一，白口，左右雙邊，單魚尾。

— 171 —

梅氏叢書輯要卷十一

宣城梅文鼎定九甫著

男　以燕正謀甫學

孫　轂成循齋甫
　　瑴成肩琳甫　重校錄

曾孫　鈖二如甫　同校字
　　　鈁導和甫

方程論一

正名

名不正則言不順諸本方程皆以二邑三邑四邑等分欵立法

而不分和較宜其端緒糾紛而說之滋謬也故先正其名。

正名有四　一和數二較數三和較雜四和較交變和者無定

歷算之學散見經史固儒者所當知然其事既不易明而又不切於日用故學者置焉為涉大端自謂已足欲如經

答祠部李古愚先生

歷學答問

宣城梅文鼎定九甫著

　　　　　　　　孫　　轂成玉汝甫
　　　　曾孫　　珏成肩琳甫同較輯
　　　　　　鈁導和
　　　　　　鏐繼美
　　　　　鉞受和同較錄
　　　　　鉁二如

梅氏叢書輯要卷五十九

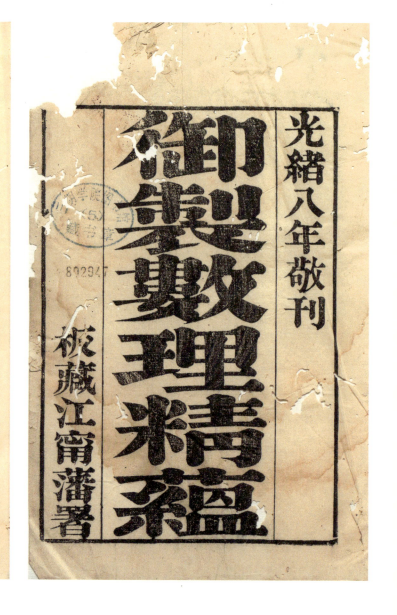

八線表說

八線之用關於數理者甚大立表愈密則爲用愈精

西洋舊表設半徑爲十萬用以推測步算秒微或有

不合既而又有新表設半徑爲一千萬取數較精但

逐分列表用中比例以求秒數止可用於正弦餘弦

若切線割線至六十度以後其遞增之數不均用中

比例尚不能密合茲又用本法細推 法見割圜 每十秒遞

析求零秒則用比例所差無多檢用亦便用表之法

並列如左

御製攷成里等區表 卷十 八線表說 一

光緒八年敬刊

御製數理精蘊

板藏江寧藩署

115 御製數理精蘊二編四十五卷表八卷 （清）何國宗

（清）梅毅成彙編　清光緒八年（1882）江寧藩署刻本

框高20.0釐米，寬14.0釐米。半葉九行，行二十字，白口，四周雙邊，單魚尾。

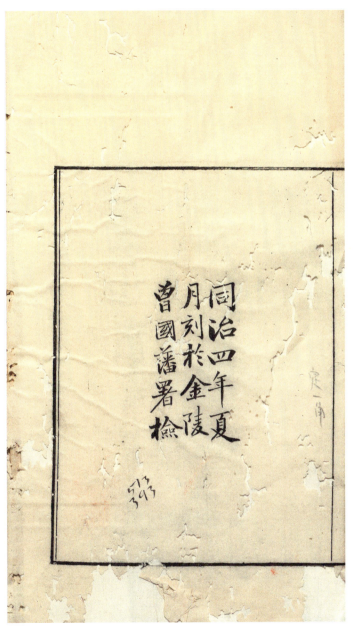

116 幾何原本十五卷 （意大利）利馬竇口譯 （明）徐光啓筆受

清同治四年（1865）湘鄉曾國藩金陵刻本

框高 18.2 釐米，寬 13.5 釐米。半葉十行，行二十二字，黑口，左右雙邊，雙魚尾。

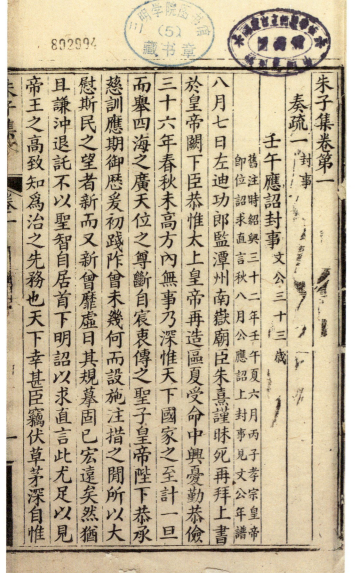

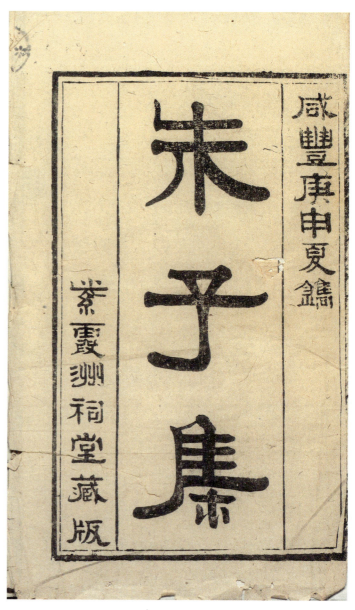

117 朱子集一百四卷目録二卷 （宋）朱熹撰　清咸豐十年
(1860)紫霞洲祠堂刻本

框高19.7釐米，寬14.7釐米。半葉十二行，行二十四字，下黑口，
四周雙邊，單魚尾。

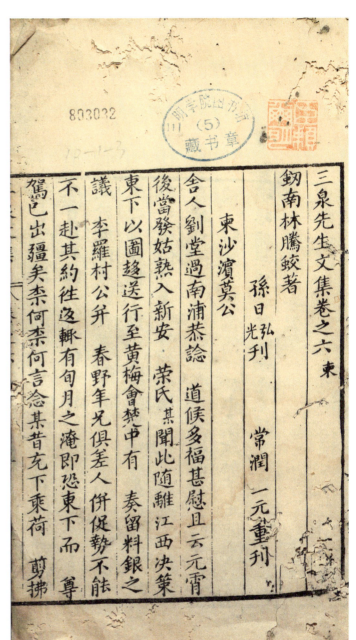

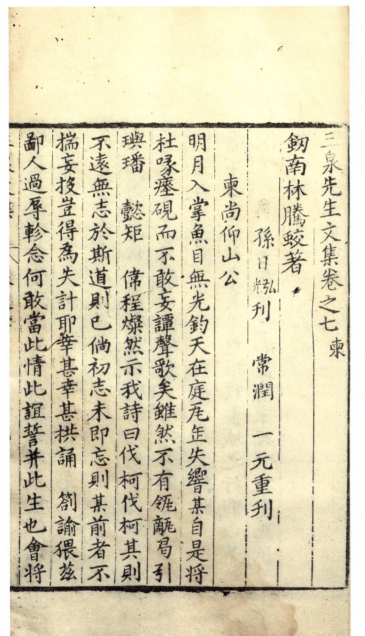

三泉先生文集卷之七 東

鈞南林騰蛟著

東尚仰山公

孫日弘刊 常潤一元重刊

明月入掌魚目無光釣天在庭尾尾失響其自是將
杜喙麈硯而不敢妄譚聲歌美雖然不有鉅龐昌引
璵璠懿矩 偉程燦然示我詩曰伐伐柯其則
不遠無志於斯道則已倘初志未即忘則其前者不
揣妄投豈得為失計耶華甚幸甚拱誦 劄諭猥茲
鄙人過辱輇念何敢當此情此誼誓并此生也會將

三泉先生文集卷之六 東

鈞南林騰蛟著

東沙瀆莫公

孫日光刊 常潤一元重刊

舍人劉堂過南浦恭諗 道候多福甚慰且云元宵
後當發姑熟入新安 榮氏某聞此隨離江西決策
東下以圖趁送行至黃梅會禁中有 奏留料銀之
議 李羅村公并 春野年兄俱羞人併促勢不能
不一赴其約徃逐輒有旬月之淹即恐東下而尊
駕已出疆矣柰何柰何言念其昔充下乘荷 剪拂

118 三泉先生文集□卷 （明）林騰蛟撰 清初刻本

框高 18.3 釐米，寬 13.9 釐米。半葉十行，行二十字，白口，四周
單邊，單魚尾。

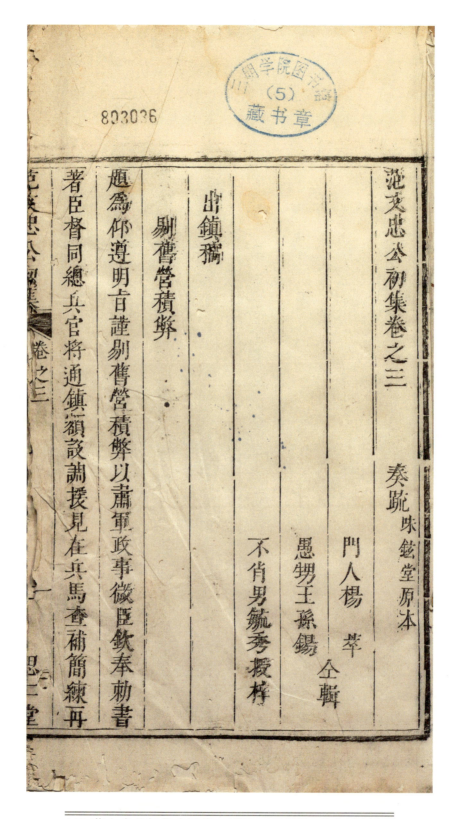

119 范文忠公初集十二卷 （清）王孫錫輯　清光緒十三年
(1887) 思仁堂補刻本

框高 19.8 釐米，寬 14.0 釐米。半葉八行，行二十三字，白口，四
周雙邊，單魚尾。

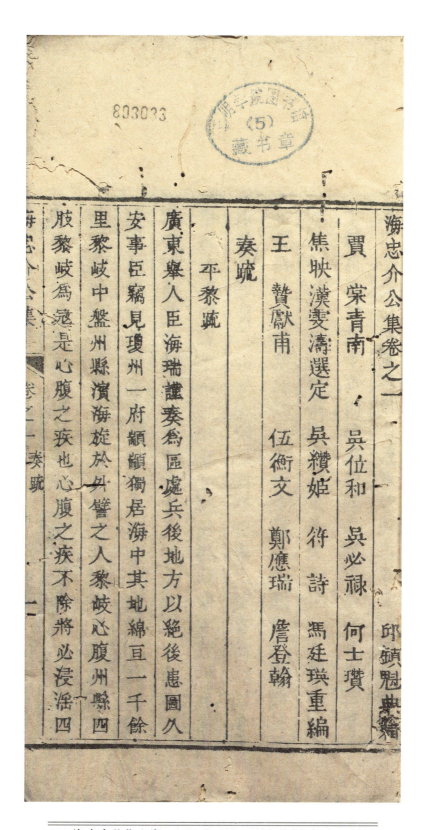

海忠介公集卷之一

買棠青南　　吳位和　吳必祿　何士贊

焦映漢霅濤選定　吳纘姬　符詩　馮廷瑛重編

王贄獻甫　　伍衡文　鄭應瑞　詹登翰

邱頲魁典籍

奏疏

平黎疏

廣東舉人臣海瑞謹奏為區處兵後地方以絕後患圖久

安事臣竊見瓊州一府顓顓獨居海中其地綿亘一千餘

里黎岐中盤見崖州縣濱海旋於其警之人黎岐心腹州縣四

肢黎岐為寇是心腹之疾也心腹之疾不除將必浸溢四

海忠介公集　卷之一　奏疏　一

120 海忠介公集六卷　（明）海瑞撰　（清）吳纘姬等編　清刻本

框高 19.4 釐米，寬 14.0 釐米。半葉十行，行二十二字，白口，四周雙邊，單魚尾。

嘗謂性不虛懸麗乎吾身而有宰命非外鑠原乎太極以成名

是故皇降之衷有物斯以有則聖賢之學惟危惕以惟微蓋自

乾坤奠定以來立天之道曰陰與陽靜專動直之妙皆性命所

彌綸立地之道曰柔與剛靜翕動闢之機悉性命所默運是故

其在人也絪縕化醇必無以解乎造物之吹噓真與精相凝而

性卽寓於肢體之中含生負氣必有以得乎乾道之變化理與

氣相麗而命寄宰乎賦畀之始以身之所具言則有視聽言動

卽有肅乂哲謀其必以肅乂哲謀爲範者性也其所以主宰乎

曾文正公文集卷一

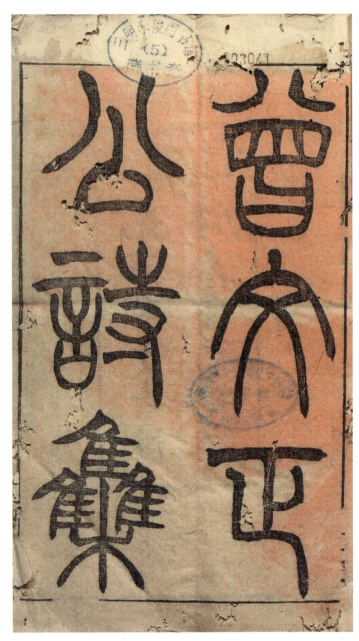

121 曾文正公全集十三種　（清）曾國藩撰　（清）李瀚章輯

清光緒二年（1876）傳忠書局刻本

框高 21.2 釐米，寬 13.8 釐米。半葉十行，行二十四字，左右雙邊，
單魚尾。

曾文正公家書卷一

道光二十年庚子歲二月初九日

男國藩跪稟父親母親大人膝下去年十二月十六日男在漢口寄家信付湘潭人和紙行不知已收到否後於廿一日在漢口開車二人共僱二把手小車六輛男占三輛半行三百餘里

至河南八里汊度歲正月初二日開車初七日至周家口卽換大車僱三套篷車二輛每套錢十五千文男占四套朱占二套

初九日開車十二日至河南省城拜客航攔四大獲百餘金十

六日起行卽於是日三更趁風平浪靜徑渡黃河廿八日到京

一路清吉平安天氣亦好惟過年二天微雪耳到京在長郡會

曾文正公家訓卷上

咸豐六年丙辰九月念九夜手諭時在江西撫州門外

字諭紀澤餘見家中人來營者多稱爾舉止大方余爲少慰凡人
多望子孫爲大官余不願爲大官但願爲讀書明理之君子勤
儉自持習勞苦可以處樂可以處約此君子也余服官二十
年不敢稍染官宦氣習飲食起居尚守寒素家風極儉也可略
豐也可太豐則吾不敢也凡仕宦之家由儉入奢易由奢返儉
難爾年尚幼切不可貪愛奢華不可慣習懶惰無論大家小家
士農工商勤苦儉約未有不興驕奢倦怠未有不敗爾讀書寫
字不可間斷早晨要早起莫墜高曾祖考以來相傳之家風吾

家訓卷上

122 曾文正公家訓二卷 （清）曾國藩撰　清光緒五年（1879）
傅忠書局刻本
框高 19.9 釐米，寬 13.0 釐米。半葉十行，行二十四字，白口，左
右雙邊。

鹿洲公案卷上

漳浦藍鼎元玉霖著

衡山曠敏本彝之評

宣邊夫校

五營兵食

潮陽一縣藏徵民米軍屯一萬一千餘石配給海門達濠

潮陽惡來潮州城守五營兵食無有存者徵收不前則庚

癸將呼非細故也雍正五年丁未承三載荒歉之餘米價

騰貴潮令魏君發支兵米至五月之半止矣其半月不能

123 鹿洲全集八種 （清）藍鼎元撰　清刻本

框高 13.2 釐米，寬 10.1 釐米。半葉十行，行二十二字，白口，左右雙邊，單魚尾。

鹿洲初集卷一

漳浦藍鼎元玉霖著

衡山曠敏本魯之評

書

上陳大中丞請修明史綱目書

國有史官助賞罰者也前事不忘後事之師若勝國史尤

爲殷鑒史所重在褒貶是非非止記事記言作行狀日錄

已也是以垂法戒昭勸懲誅亂賊於既死表芳徽於千載

故曰一字之褒榮於華袞一字之貶嚴於鈇鉞古之史不

一家司馬子長創本紀列傳書表諸體班氏父子仍之易

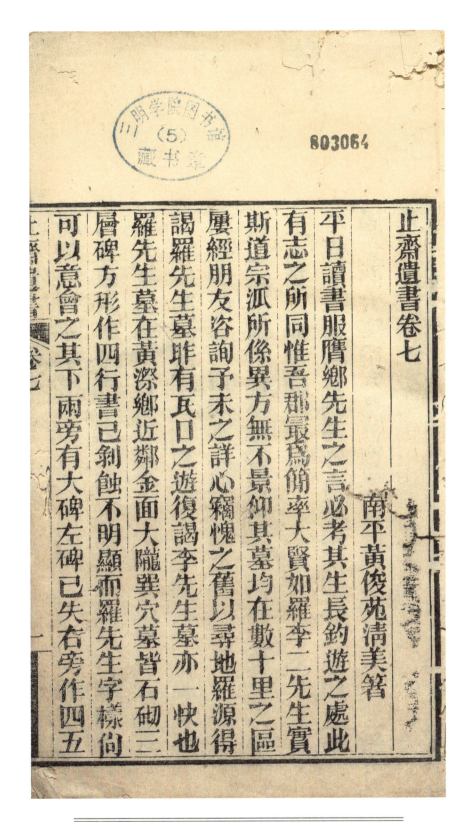

124 止齋遺書十六卷 （清）黃俊苑撰　清光緒元年（1875）福州刻六年（1880）補刻本

框高 18.0 釐米，寬 13.4 釐米。半葉十行，行二十一字，黑口，四周雙邊，單魚尾。

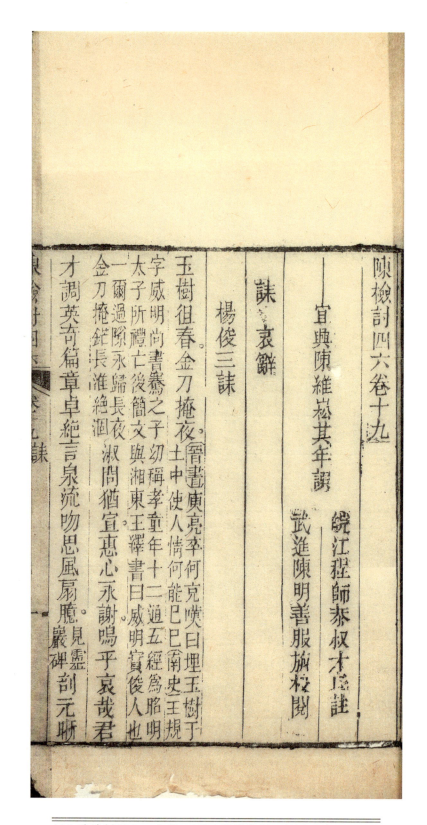

125 陳檢討四六二十卷　（清）陳維崧撰　（清）程師恭注

清乾隆三十五年（1770）刻本

框高 15.0 釐米，寬 11.7 釐米。半葉九行，行二十一字，小字雙行同，白口，左右雙邊，單魚尾。

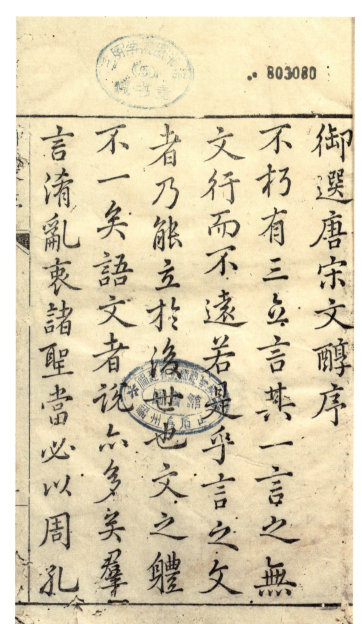

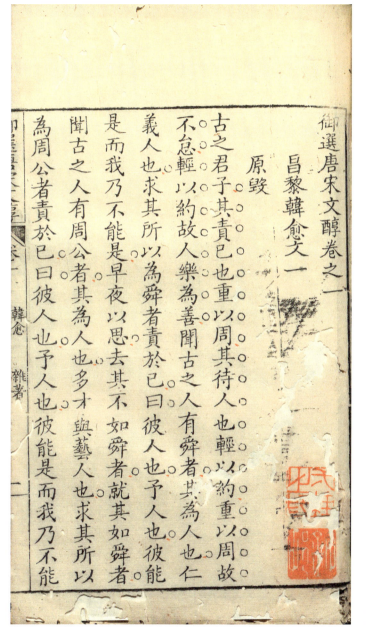

126 御選唐宋文醇五十八卷 （清）高宗弘曆選 （清）允禄校

清乾隆刻本

框高 19.3 釐米，寬 14.3 釐米。半葉九行，行二十二字，白口，四周雙邊，單魚尾。

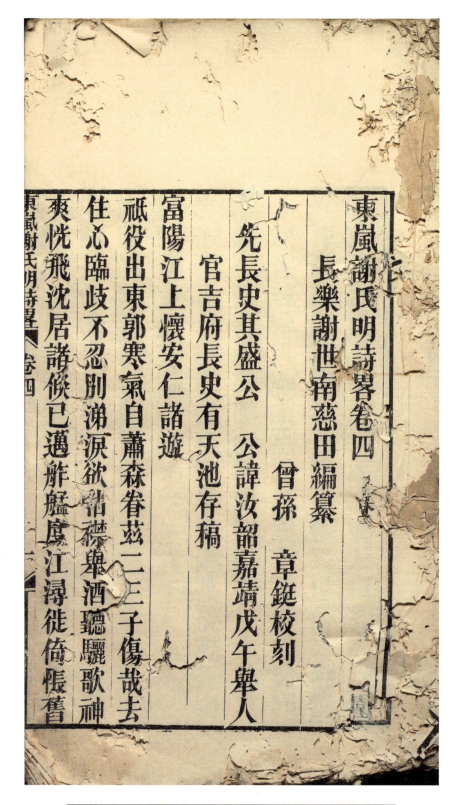

127 東嵐謝氏明詩略四卷 （清）謝世南輯 清光緒十九年
（1893）長樂謝氏刻賭棋山莊全集本
框高 19.4 釐米，寬 13.6 釐米。半葉九行，行十八字，黑口，左右
雙邊，雙魚尾。

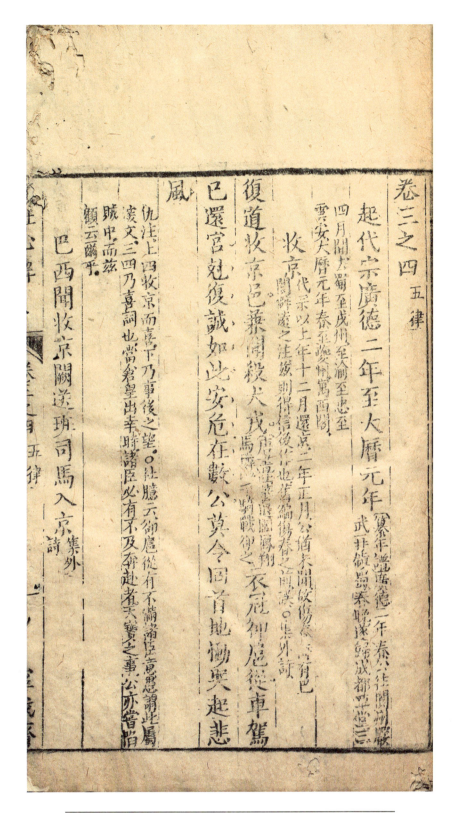

128 讀杜心解六卷首二卷 （唐）杜甫撰 （清）浦起龍解

清雍正三年（1725）前碉浦氏寧我齋刻本

框高 18.2 釐米，寬 13.2 釐米。半葉十行，行二十二字，小字雙行
三十三字，白口，左右雙邊，單魚尾。

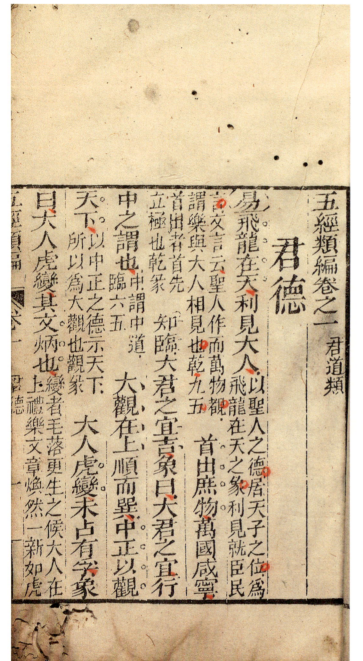

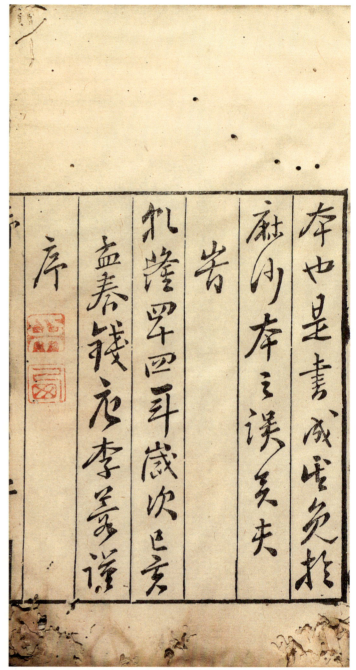

129 五經類編二十八卷　（清）周世樟編　清刻本
框高10.6釐米，寬8.8釐米。半葉八行，行二十字，黑口，四周單邊，單魚尾。

玉海卷第十二　　　　　　　　浚儀王應麟伯厚甫

律歷

時令　炎帝分八節

晉志炎帝分八節以始農功伏羲造八卦作三畫以
象二十四氣　家語黃帝治五氣高辛歷月月之生
朔而迎送之　左傳少皞有分至啓閉之官　史記
高陽載時以象天　月令章句大撓探五行之情古
斗剛所建始作甲乙以名日謂之幹作子丑以名日

130 玉海二百卷辭學指南四卷附刻十三種　（宋）王應麟撰

元刊明修清康熙補刻本

框高20.0釐米，寬13.0釐米。半葉十行，行二十字，白口，四周單邊，
單魚尾。

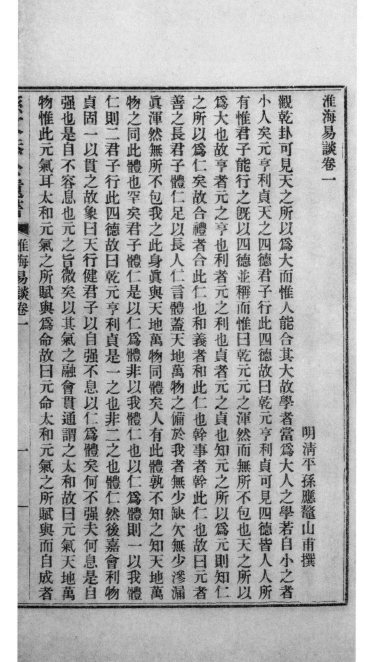

観乾卦可見天之所以爲大而惟人能合其大故學者當爲大人之學若自小之者
小人矣元亨利貞天之四德君子行此四德故曰乾元亨利貞可見四德皆人人所
有惟君子能行之既以四德並稱而惟曰乾元元之渾然而無所不包也天之所以
爲大也故亨者元之亨也利者元之利也貞者元之貞也知元元之所以爲元則知仁
之所以爲仁矣故合禮合者合此仁也和義者和此仁也幹事者幹此仁也故曰元者
善之長君子體仁足以長人仁言體蓋天地萬物之備於我者無少缺欠無少滲漏
眞渾然無所不包我之此身眞與天地萬物同體矣人有此體執不知之知天地萬
物之同此體也宰矣君子體仁是以仁爲體非一之也非二之也體則一以我體萬
仁則二君子行此四德故曰乾元亨利貞是一之也體仁然後嘉會利物
貞固一以貫之故象曰天行健君子以自强不息以仁爲體矣何不强夫何息是自
强也是自不容息也元之旨微矣元之旨微通謂之太和元氣天地萬
物惟此元氣耳太和元氣之所賦與爲命故曰元命太和元氣之所賦與而自成者

淮海易談卷一

明清平孫應鼇山甫撰

孫文恭公遺書

廉城方中署

131 孫文恭公遺書七種 （明）孫應鼇撰　清宣統二年（1910）

國學扶輪社鉛印本

框高 18.5 釐米，寬 12.2 釐米。半葉十四行，行三十二字，黑口，
四周雙邊，單魚尾。

四書近語卷六

明　清平孫應鼇山甫撰

三代以下無善治無眞儒都壞在一個利字孟子首見惠王便提起仁義便闢利
義性也可見孟子之學性學也義利源頭便是公私之介理欲之介王霸之介舜蹠
之介治亂之介於是辨志便是審幾愼獨之學正人心在此息邪說在此回治道在
此端學術在此
文王與民偕樂非以臺池鳥獸與民共之也蓋由發政施仁以民之心爲心先天下
之憂而憂故後天下之樂而樂與民同樂憂都在民無與於己故民亦憂其
憂亦樂其樂一體故也若桀則憂樂只在己無與於民故民亦不樂其憂不憂其憂
失其一體故也
狗彘食人食饑莩不知發肥馬肥肉嚴刑重稅不教以孝弟忠信嗜於殺人只是不
知君民一體之義不知一體之義不足以行王道
仲尼之徒無道桓文之事者仲尼王道也王道以天地萬物爲一體一人之心卽千
萬人之心千萬人之心卽一人之心公而無私義而非利無許多安排勞攘是心卽

孫山甫督學文集卷一

清平孫應鼇撰

古文關鍵序

昔者鄭僑有言予甚善之射御貫則能獲禽若未嘗登車射御則敗績厭覆是懼何
眼思獲此非直以喻田獵世所爲文章未睹大體昧於典要因以暇聲欲決策著作
之林其始志之慕用後効之倍戾則亦何異是也夫所謂貫者亦第言閑習於技耳
然語其精則微矣紀昌學射於飛衛相遇於野二人交射中路矢鋒相觸墜地而塵
不揚造父學御於泰氏立木爲塗僅可容足計步履行三日盡其巧無有跌失技
至此殆與神合不必言閑習然論其至精之微飛衛不過曰先學不瞬而後可言射
泰豆民不過曰先觀吾趣如吾然後六轡可御云爾夫所謂趣與不瞬
者豈特在承挺倒錐之形趨走往還之跡也專其眇忽之思俾視小如大視微如著
一其夷險之觀俾內得中心外得馬志其所語雖世俗之所知無絕殊者而以極於
至久至純非終身如一日之心不能此所以難也今之技得閑習者寡矣況極於是
乎然不極於是則雖閑習而謂之不精也亦宜諸生學文章於予予愧無有所知以

學孔精舍詩鈔卷四　　　　　　　　明清平孫應鼇山甫撰

七言律

謁昭烈祠

昭烈曾為新野牧到今祠祀尙相仍三分遂使雄圖盡百折能令壯氣增相有孔明
星旣殞運非光武業難與我來瞻禮思流涕雲日沈迷暮靄凝

觀楚人競舟作此弔屈原

競渡仍憐楚俗存香蘭芳芷滿江繁美人窈窕空相憶公子懷思未敢言水石可消
千載恨詩騷難弔九歌魂懷忠畢竟誰為報今古浮雲一任翻

憶安鄉令李孟博

落葉流蘋牽夢思別離猶憶昨年悲有時雲物吟孤嶼何處山川共屈厄飛易正須
霄漢上鳴琴一在芷蘭涯洞庭東接秦淮水知爾曾題去國詩

平溪高指揮請登獺崖

平溪岸頭江水迴高閣憑虛結伴來鄉思暗隨秋色老旅懷重向故人開風凄落木

孫文志公著書　學孔精舍詩鈔卷四　　一

學校衛生學

日本醫學士三島通良著　　錢塘汪有齡譯

第一篇　總論

教育者立國之大本也國運以之判盛衰國步以之判進退使教育稍有挫失則百年之計畫敗矣教育或入歧途則萬世之厚望失矣彼歐美各國者國富兵強互相雄視豈偶然哉蓋自希臘以來注意於體育一事日使兒童有堅忍不拔之氣象而增其敏捷銳邁之智識若合是則實無他法也任教育之職者不當以此為法乎兒童等為國民中後起之人宜使編成第二班之國民其最要一著則在使其成有為之人而已欲使成有為之人則在教育而已然當身軀漸長體內諸機關漸備之際或為外感所動或與養氣有違影響之來旣準且速遂易生疾病終至為屏弱委靡無用之人若是者比比然也大抵兒童身軀如柔輭之泥如已鎔之礦因如何模型如

132 教育叢書三集二十七種 （清）教育世界社譯　清光緒教育世界社鉛印本

框高 18.2 釐米，寬 12.9 釐米。半葉十三行，行二十六字，黑口，左右雙邊，單魚尾。

教授學

日本湯本武比古著

第一章　小學校教師

第一節　教師當有道義的品性　教師以忠孝為第一主義不可不

為品性完全之人何則教師者宜遵奉關教育之敕語之旨而育

成一切生徒以陶冶其品性者也若品性不立道義不修是教師

而非教師矣教師不可不為完全品性之模範以教師而外更無

可為模範者也故教師而欲以完全之人物望於生徒則不可不

先修其身

第二節　教師當重教職　小學校者非農商之傳習所非職工之練

習所亦非兵士之養成所蓋所以陶冶國人品性之公共教育場

也是故小學校為神聖尊嚴之地其教師之職自亦神聖尊嚴已

第三節　教師當盡教職　既知教職之可重則從事于此職者必當

原富部甲上

英倫斯密亞丹原本

侯官嚴復幾道翻譯

篇一

論分功之效

天下之常言曰民生在勤然則力作者將斯人所定於天之分而無可逃者歟雖然

均力作矣其得效則此多而彼少其致力則此益疾益巧而彼常拙常遲其故果安

在也曰其事首判於功之分不分

功以分而收效益多此民生日用之中所在在可見者也顧其效於小工作易見於

大製造難知小工作所居之地狹所用之人寡所作之事不繁可一覽而盡也至於

大製造則不然其所仰給者非一壏之肆能所辦也往往取輪於甲求輿於乙衡輇

蓋橑各異其地櫨而聚之而後成車其功之分難以見也故欲明分功之有益力作

一

南洋公學

133 原富八卷 （英國）斯密亞丹撰　嚴復譯　清光緒二十八年
(1902) 南洋公學譯書院鉛印本
框高 18.6 釐米，寬 12.2 釐米。半葉十四行，行三十二字，黑口，
四周雙邊，單魚尾。

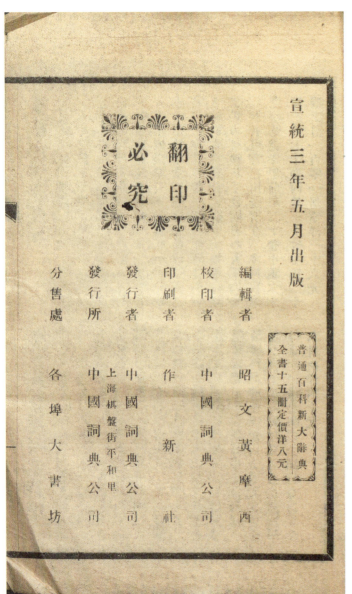

134 普通百科新大詞典不分卷 （清）昭文 （清）黃摩西編

清宣統三年（1911）上海作新社鉛印本

框高 18.6 釐米，寬 12.3 釐米。分欄，行款不一，白口，四周單邊，單魚尾。

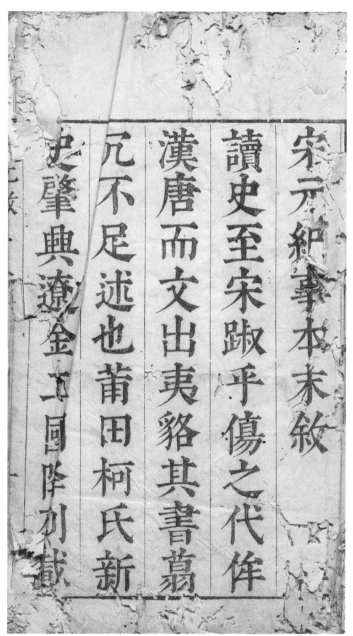

宋元紀事本末敘

讀史至宋跡平傷之代伜

漢唐而文出夷貉其書蕞

元不足述也莆田柯氏新

史肇興遼金工同降刃載

宋史紀事本末卷之三

明　北海馮　琦原編

高安陳邦瞻纂輯

太倉張　溥論正

平荊湖

太祖建隆元年六月荊南節度使高保融卒弟保勗
嗣初保融迁緩國事悉委於母弟保勗及卒保勗權
知軍府請命於帝授以節度使
三年冬十月武平節度使周行逢卒子保權嗣時年

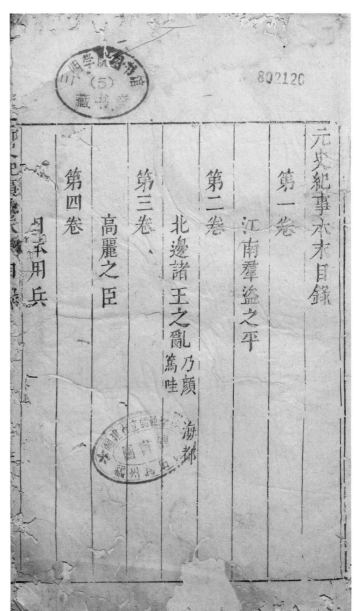

元史紀事本末卷之一

明　高安陳邦瞻原編

吳興臧懋循補輯

太倉張溥論正

江南羣盜之平

世祖至元十七年十二月漳州民陳桂龍兵起福建
都元帥完者都等擊走之，桂龍及其兄子陳弔眼有
眾數萬屯高安些若據之，朝廷命完者都及副帥高興
討之，時建寧賊黃華勢尤倡獗，完者都先引兵壓其

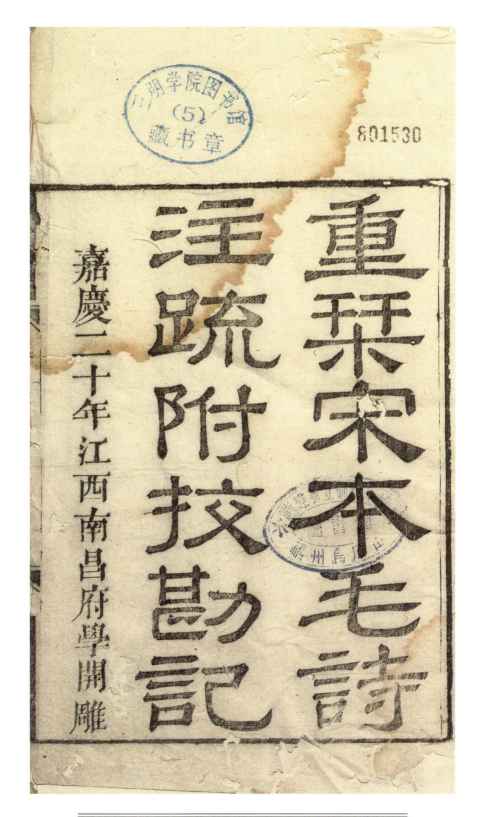

136 重刊宋本十三經注疏附校勘記 （清）阮元撰 （清）盧
宣旬摘錄 清嘉慶二十年（1815）南昌府學刻本
框高 16.8 釐米，寬 13.0 釐米。半葉十行，行十八字，小字雙行同，
上下黑口，左右雙邊，雙魚尾。

附釋音毛詩注疏卷第一 〔一之一〕

唐國子祭酒上護軍曲阜縣開國子孔　穎達　奉
勑撰

周南關雎詁訓傳第一

陸德明音義曰周南者周州之域在禹貢雍州之域岐山之陽於漢屬扶風美陽縣南被南方故云周南也自北而南漢廣江之德化被於南國是也○關雎者詩篇名也關雎之名取其篇中之一句以爲名也先儒多作爾雅本皆爲詁今依今本或作詁者是古字也○本不頗絕注爾雅則絕注本字餘亦傚此

〔疏〕關雎爲一卷之目也金縢之目作金縢然則關雎亦當爲篇名皆以一句二字爲之目其例不一或取首一句或取一句中之一言或上或下或都遣見全文取假外以理或盡取以或一則云名之

爾雅疏卷第一

勑挍定

翰林侍講學士朝請大夫守國子祭酒上柱國賜紫金魚袋臣邢昺等奉勑挍定

爾雅序〔疏〕

釋曰爾雅者釋五經辨章異實九經之通路百氏之指南多識鳥獸草木之名傳覽而不惑者也爾雅正也言可近而取正也○仲尼所增子夏所足叔孫通所益梁文所補唐虞宗旦德化文子小辯元命包云子夏問夫子作春秋不以初哉首基為先何也○釋詁一篇蓋周公所作周公相成王時著爾雅一篇以釋其義暨帝王之謚五百餘年制禮以導天下著爾雅常存禮記文不違古通

武孫克定四海勤相王踐昨理政日吳斷典數落唯爾雅一篇化宣流越裳來貢以釋言奏六國越踰秦楚蜀魯劉人取始於記袞公日寶嘉禾

六國以觀其首足以辯言矣不以朝記以初裁

今俗所傳三輔爾雅或言沛郡梁文所著皆解家所說先師口傳既無正驗所補或言沛郡梁文所著皆解家所說先師口傳既無正驗

新訂四書補註備旨上論卷二

學東鄒　林蟠庵先生手著
寶安祁文友珊洲先生重校
江寧後學杜定基起元增訂
裔孫　煜燿生編次

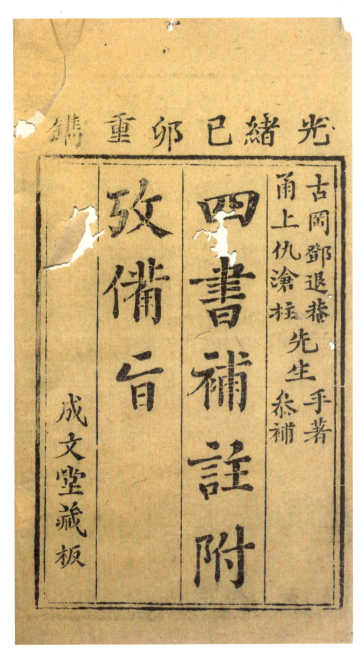

光緒己卯重鐫

古岡鄧退菴先生手著
甬上仇滄柱先生恭補

四書補註附攷備旨

成文堂藏板

137 四書補註附攷備旨十卷　（清）鄧林　（清）仇滄柱參補

清光緒五年（1879）成文堂刻本

框高 21.5 釐米，寬 13.8 釐米。分上中下三欄，下欄十一行，行三十二字，小字雙行同，白口，四周雙邊，單魚尾。

附錄：
三明學院圖書館古籍普查登記目錄

350000-2053-0000001　經 1=1　經部 / 叢編　**通志堂經解一百四十種** （清）納蘭成德輯　清康熙十九年（1680）通志堂刻本　三十五冊　存二十種一百三十八卷（尚書纂傳一至四十六、尚書詳解一至十、尚書表注一至二、書蔡氏傳輯錄纂注一至二、書集傳纂疏一至四、論語集編一至五、書纂言一至四、論語集註通證一至二、孟子通一至十、論語通一至二、春秋集解一至三、春秋權衡一至六、三山拙齋林先生尚書全解一至三、大學纂疏一中庸纂疏一論語纂疏一至三、周易經傳集程朱解附錄纂注一至二、周易本義集成一至十、論語集説一至三、紫巖居士易傳一至二、學易記一至四、經典釋文一至十五）

350000-2053-0000002　經 1=2　經部 / 叢編　**石齋先生經傳九種** （明）黃道周撰　（清）鄭開極重訂　清康熙三十二年（1693）鄭肇刻清道光二十八年（1848）長洲彭蘊章補刻本　十五冊　存八種四十卷（坊記集傳二卷上春秋坊記問業一卷、易象正五至六、終二卷、表記集傳二卷附春秋表記問業一卷、緇衣集傳四卷、三易洞璣十六卷、儒行集傳二卷、洪範明義四卷、月令明義四卷）

350000-2053-0000003　經 1=3　經部 / 叢編　**古經解彙函十六種** （清）鍾謙鈞等輯　清同治十二年（1873）粵東書局刻本　三十二冊　存十二種八十九卷（鄭氏周易注一至三、尚書大傳一至五、春秋啖趙六至十、廣韻一至五、春秋啖趙集傳纂例一至十、春秋釋例一至七、九至十三、周易集解一至十七、春秋繁露一至十五、春秋微旨一至三、周易口訣義一至六、論語集解義疏三至五、八至十、易緯乾坤鑿度二卷）

350000-2053-0000004　經 1=4　經部 / 叢編　**御纂七經** （清）王掞等輯　清同治十年（1871）湖北崇文書局刻本　一百八十四冊　存三種二百八卷（欽定春秋傳説彙纂三十八卷、欽定書經傳説彙纂二十一卷、三禮義疏（欽定禮記義疏一至十三、十六至七十四、欽定儀禮義疏二十一、二十六至三十六、欽定周官義疏一至三十八、四十至四十七）

350000-2053-0000005　經 1=5　經部 / 叢編　**重刊宋本十三經注疏附校勘記** （清）阮元撰　（清）盧宣旬摘錄　清嘉慶二十年（1815）南昌府學刻本　十九冊　存二種二十九卷（附釋音毛詩註疏一至八、十五至二十、爾雅注疏附校勘記一至二十）

350000-2053-0000006　經 1=6　經部 / 叢編　**皇清經解一千四百八卷** （清）阮元輯　清道光九年（1829）廣東學海堂刻咸豐十一年（1861）增刻本　三百五十二冊　存一千三百九十卷（一至一百八十八、一百九十至二百三十九、二百四十三至四百一、四百五至四百六十一、四百六十八至五百六十六、五百六十八至六百六、六百一十至六百七十八、六百八十二至一千四百八）

350000-2053-0000007　經 1/14=1　經部 / 春秋總義　**毛氏春秋三種** （清）毛士撰　清同治十一年（1872）深澤王氏刻本　十一冊　存二種十八卷（春秋諸家解一至十二、春秋三子傳一至六）

350000-2053-0000008　經 4/4=1　經部 / 詩類 / 專著之屬　**詩經四家異文考五卷** （清）陳喬樅撰　清光緒八年（1882）刻本　五冊　存四卷（一至四）

350000-2053-0000009　經 5=1　經部 / 周禮　**周禮精華六卷** （清）陳龍標輯　清光緒二年（1876）刻本　六冊

350000-2053-0000010　經 9/1=1　經部 / 三禮總義類 / 通論之屬　**三禮陳數求義三十卷** （清）林喬蔭撰　清嘉慶八年（1803）誦芬堂刻本　十四冊　存三十卷（一至三十）

350000-2053-0000011　經 11=1　經部 / 春秋左傳類　**評點春秋綱目左傳句解彙雋六卷** （清）韓菼重訂　清刻本　四冊

350000-2053-0000012　經 11/2 = 1　經部 / 春秋左傳類 / 傳説之屬　**春秋經傳集解三十卷附考證** （晉）杜預撰（唐）陸德明音義　清道光十九年（1839）刻本　二十冊　存二十九卷（一至二十三、二十五至三十）

350000-2053-0000013　經 11/2=2　經部 / 春秋左傳類 / 傳説之屬　**讀左補義五十卷首一卷** （清）姜炳璋輯　清光緒二十七年（1901）刻本　十六冊

350000-2053-0000014　經 14/2 = 1　經部 / 春秋總義 / 傳説之屬　**春秋辨疑四卷** （宋）蕭楚撰　清光緒十六年

（1890）刻本　一册　存二卷（三至四）

350000-2053-0000015　經 16=1　經部／四書類　**四書補註附攷備旨十卷**（清）鄧林（清）仇滄柱參補　清光緒五年（1879）成文堂刻本　八册　存十卷（大學卷一、中庸卷一、上孟一至二、下孟三至四、上論一至二、下論三至四）

350000-2053-0000016　經 16=2　經部／四書類　**四書朱子本義滙參四種**（清）王步青撰　清乾隆十年（1745）敦復堂刻本　十册　存四種十六卷（序一卷、中庸章句本义匯參三至四、五至六、孟子集注本義匯參五至六、九至十、大學章句本義匯參首一卷、論語集注本義匯參三、五、十七至二十）

350000-2053-0000017　經 16/7=2　經部／四書類／論語之屬　**論語話解十卷**（清）陳澧撰　清光緒五年（1879）刻本　一百五十八册　存八卷（三至十）

350000-2053-0000018　經 18/11=1　經部／小學類／音韻之屬　**廣韻五卷**（宋）陳彭年等撰　清末刻本　二册　存二卷（三、五）

350000-2053-0000019　史 1=1　史部／叢編　**小方壺齋輿地叢鈔再補編十二帙**（清）王錫祺輯　清光緒二十三年（1897）上海著易堂鉛印本　六十五册　存十帙（三至十二）

350000-2053-0000020　史 2/1=1　史部／紀傳類／正史之屬　**史記一百三十卷**（漢）司馬遷撰（南朝宋）裴駰集解（唐）司馬貞索隱（唐）張守節正義　清同治九年（1870）湖北崇文書局刻本　二十册　存一百三卷（七至十、十三至十八、二十三至九十三、九十五至一百二十）

350000-2053-0000021　史 2/1=3　史部／紀傳類／正史之屬　**欽定二十四史**（清）□□纂　清光緒十四年（1888）鉛印本　五十四册　存十七種七百一卷（欽定舊五代史一百至一百一十二、欽定五代史一至二十八、欽定遼史一至四十三、欽定唐書七十至七十一上、七十四、八十四到九十六、一百二十八至一百四十、一百四十一至一百五十二、一百八十九至一百九十八、欽定舊唐書六至二十二、四十一至四十三、四十七至五十二、一百四至一百四十二、一百六十四至一百七十八、一百九十下至一百九十六上、欽定宋史十三至二十五、八十七至九十四、一百四十七至一百五十六、一百七十八至一百八十四、一百九十三至二百九、二百五十二至二百六十二、三百一十至三百一十八、三百二十九至三百三十七、三百七十八至三百八十六、三百九十八至四百一十七、欽定隋書一至八、

三十六至四十五、欽定晉書八至十三、欽定南齊書一至十四、欽定元史二十六至三十七、五十四至五十八、八十三至八十八、一百四至一百二十三、一百四十三至一百五十一、一百六十三至二百一十、欽定前漢書十六至三十一、五十七下至六十四、九十八至一百、欽定梁書附考證一至二十九、四十六至五十六、欽定金史五至十一、四十二至五十、一百一十三至一百二十三、欽定南史三十至三十六、四十五至五十二、欽定北史四十一至四十五、五十八至七十一、八十至八十六、九十四至一百、欽定魏書一至十四、四十二至七十五、一百一至一百六、欽定明史十三至二十四、四十三至五十二、一百三至一百五、二百八至二百一十五、二百二十五至二百三十四、三百一十二至三百一十八）

350000-2053-0000022　史 2/1=4　史部／紀傳類／正史之屬　**粵刻本二十四史**（南朝梁）沈約撰　清同治八年（1869）廣東菉古堂刻本　三百三十九册　存十四種一千一百一十八卷（宋书一至三、五至九十九、晉書十三至一百三十、舊唐書一至二百、唐書一至二百二十五釋音一至二十五、舊五代史一至三十六、四十三至六十四、七十三至一百五十、北齊書一至五十、隋書一至八十五、周書一至五十、南齊書一至五十九、北史二至一百、梁書一至五十六、武英殿本二十三史考證一至二十二、三十七至六十七、陳書一至三十六、南史附考證一至八十）

350000-2053-0000023　史 3/1=1　史部／編年類／通代之屬　**袁王綱鑑合編三十九卷附明紀綱目二十卷**（明）袁黃輯（清）王世貞編　清光緒三十年（1904）上海商務印書館鉛印本　十一册　存四十五卷（一、五至十六、二十四至三十、三十四至三十九、明紀綱目一至二十）

350000-2053-0000024　史 3/1=2　史部／編年類／通代之屬　**通鑑地理通釋十四卷**（宋）王應麟撰　清道光二十三年（1843）補刻本　一册　存三卷（四至六）

350000-2053-0000025　史 3/2=1　史部／編年／斷代之屬　**御批通鑑輯覽一百十六卷明唐桂二王本末四卷**（清）高宗弘曆敕撰　清光緒二十九年（1904）石印本　二十八册　存八十五卷（一至三、八至十五、二十三至二十六、三十至三十八、五十一至五十九、六十三至七十五、八十二至一百五、一百八至一百二十）

350000-2053-0000026　史 3/2=2　史部／編年類／斷代之屬　**陳書三十六卷**（唐）姚思廉撰　清同治十一年（1872）金陵書局刻本　四册

350000-2053-0000027　史 3/2=3　史部／編年類／斷代

之屬 **御批歷代通鑑輯覽一百二十卷** （清）傅恒等撰 清光緒同文書局石印本 六冊 存四十六卷（十八至四十、九十至一百三、一百一十二至一百二十）

350000-2053-0000028 史 4/1=1 史部 / 紀事本末 / 斷代之屬 **明史紀事本末八十卷** （清）谷應泰編 清同治（1862—1874）朝宗書室木活字印本 十九冊 存七十八卷（一至七十四、七十七至八十）

350000-2053-0000029 史 4/ 2=1 史部 / 紀事本末 / 斷代之屬 **歷朝紀事本末九種** （清）朱記榮輯 清光緒十四至二十八年（1888—1902）上海書業公所、上海著易堂書局鉛印本 二十四冊 存七種三百五十二卷（明史紀事本末一至五十五、六十七至八十、西夏紀事本末首二卷、一至十四、十八至三十六、宋史紀事本末一至九十、九十三至一百九、元史紀事本末二十七卷、遼史紀事本末四十卷、金史紀事本末五十二卷、三藩紀事本末一至二十）

350000-2053-0000030 史 4/2=2 史部 / 紀事本末 / 斷代之屬 **繹史一百六十卷世系圖一卷年表一卷** （清）馬驌撰 清同治十五年（1889）刻本 一冊 存世系圖一卷

350000-2053-0000031 史 4/2=3 史部 / 史部 / 紀事本末 / 斷代之屬 **十朝東華錄一百卷** （清）王先謙纂 清光緒二十五年（1899）石印本 五冊 存三十六卷（一至七、十九至二十二、三十八至四十九、六十九至七十六、八十七至九十）

350000-2053-0000032 史 5/1=1 史部 / 雜史類 / 通代之屬 **國語二十一卷** （三國吳）韋昭注 清孔氏詩禮堂刻本 六冊

350000-2053-0000033 史 5/2=1 史部 / 雜史類 / 斷代之屬 **治臺必告錄八卷** （清）丁曰健輯 清同治六年（1867）知足知止園刻本 六冊 存六卷（一至六）

350000-2053-0000034 史 5/2=2 史部 / 雜史類 / 斷代之屬 **平浙紀略十六卷** （清）秦緗業（清）陳鍾英撰 清同治十三年（1874）刻本 三冊 存十二卷（五至十六）

350000-2053-0000035 史 10=1 史部 / 傳記類 **曾文正公大事記四卷** （清）王安定撰 清光緒三十一年（1905）商務印書館鉛印本 一冊

350000-2053-0000036 史 10/1=1 史部 / 傳記類 / 總傳之屬 / 儒林 **學案小識十四首一卷末一卷** （清）唐鑑撰 清光緒十年（1884）刻本 九冊 存十四卷（首一卷、一至三、六至十四、末一卷）

350000-2053-0000037 史 10/1=2 史部 / 傳記類 / 總傳之屬 / 技藝 **歷代畫史彙傳七十二卷附錄二卷** （清）彭蘊璨編 清光緒八年（1882）刻本 八冊 存四十三卷（七至九、十七至十九、二十三至二十五、二十九至三十八、四十三至六十六、）

350000-2053-0000038 史 10/1=3 史部 / 傳記類 / 總傳之屬 / 儒林 **明儒學案六十二卷** （清）王宗義撰 清光緒十四年（1888）刻本 四十八冊 存六十四卷（一至六十二、五十八、六十二）

350000-2053-0000039 史 10/1=4 史部 / 總傳之屬 / 技藝 **國朝畫徵錄三卷續錄二卷** （清）張庚撰 清光緒十九年（1893）上海積山書局石印本 一冊 存三卷（上、中、下）

350000-2053-0000040 史 10/1=5 史部 / 傳記類 / 總傳之屬 / 姓名 **校正增廣尚友錄統編二十四卷** 題（清）錢湖釣徒編 清光緒十四年（1888）上海鴻章書局石印本 十五冊 存二卷（二十一至二十二）

350000-2053-0000041 史 10/16 史部 / 傳記類 / 別傳之屬 / 年譜 **白香山詩長慶集二十卷後集十七卷別集一卷補遺二卷** （唐）白居易撰 **年譜一卷** （清）汪立名撰 **年譜舊本一卷** （清）汪立名編 清康熙四十二年（1703）古歙汪氏一隅草堂刻本 五冊 存二十四卷（白香山年譜一、年譜舊本一、白香山詩長慶集一至七、十六至二十、後集四至十四）

350000-2053-0000042 史 11=1 史部 / 政書類 **福建省例四十卷** （清）□□輯 清末刻本 二十四冊

350000-2053-0000043 史 11=2 史部 / 政書類 **新修條例□□卷** （清）□□輯 清末刻本 三十九冊 存三十八卷（條例總目録、錢法例採辦例目録二十四、補襪目録二十五、二十六、俸禄例目録二、倉庫例目録二、銓政例目録五至九、十一、科場例目録二十三、武職例目録三、錢粮例目録、續纂俸禄寅集、續纂倉庫子集、刑政例二十七至三十四、捐輸例十三、十五至二十一、續纂銓政未集一、三至四、續纂處分酉集一、酌議文武各員處分章程二十二、文武各員處分章程二十三）

350000-2053-0000044　史 11=3　史部 / 政書类　**福建章程□□卷** (清) □□輯　清光緒刻本　二十册　存十八卷 (一百二十九至一百三十、一百三十七至一百四十、一百四十二至一百四十三、一百四十六至一百五十、一百五十三、一百五十七至一百六十)

350000-2053-0000045　史 11/1=1　史部 / 政書類 / 通制之屬　**通典二百卷** (唐) 杜佑撰　清刻本　十五册　存七十六卷 (十三至十七、五十六至八十七、九十三至一百四、一百一十三至一百二十二、一百六十二至一百七十、一百八十一至一百八十八)

350000-2053-0000046　史 11/1=2　史部 / 政書類 / 通制之屬　**九通** (清) □□輯　清光緒二十八年 (1902) 上海鴻文書局石印本　二十二册　存三種一百四十九卷 (通志一至五、二十一至二十二、二十五至四十一、八十五至八十九、一百二十至一百二十三、一百二十八至一百三十一、一百四十三至一百四十七、一百六十至一百六十四、一百八十六至一百九十五、文獻通考一百一十三至一百二十二、二百三十六至二百四十八、二百八十至二百九十二、通典附考證一至十七、四十八至六十四)

350000-2053-0000047　史 11/1=3　史部 / 政書類 / 通制之屬　**通志二百卷** (宋) 鄭樵撰　清刻本　三册　存四卷 (一百四十三至一百四十六)

350000-2053-0000048　史 11/1=4　史部 / 政書類 / 通制之屬　**文獻通考三百四十八卷** (元) 馬端臨撰　清同治十年 (1871) 湖北崇文書局刻本　七十三册

350000-2053-0000049　史 11/1=5　史部 / 政書類 / 通制之屬　**欽定大清會典一百卷首一卷** (清) 允祹等纂　清同治十一年 (1872) 湖北崇文書局刻本　四册　存二百四卷 (十至十九、四十七至九十五、九十八至一百零八、一百一十七至一百三十二、一百三十七至一百六十九、一百七十三至一百七十七、一百八十至一百八十四、二百一十一至二百二十三、二百三十九至二百五十四、二百六十五至二百七十一、二百七十七至二百八十三、二百八十六至二百九十一、三百一十六至三百二十、三百二十三至三百四十二)

350000-2053-0000050　史 11/2=1　史部 / 政書類 / 儀制之屬　**欽定禮部則例二百二卷** (清) 特登額等編　清道光二十四年 (1844) 刻本　二十四册　存五卷 (首一卷、一至四)

350000-2053-0000051　史 11/2=2　史部 / 政書類 / 儀制之屬 / 典禮　**皇朝祭器樂舞録二卷** (清) 徐暢達輯　清同治十年 (1871) 湖北崇文書局刻本　二册

350000-2053-0000052　史 11/2=2　史部 / 政書類 / 儀制之屬 / 專志 / 科舉校規　**欽定學政全書八十二卷** (清) 王傑等修 (清) 廣興等纂　清乾隆五十八年 (1793) 禮部刻本　二十四册

350000-2053-0000053　史 11/11=1　史部 / 政書 / 邦計之屬 / 賦役之屬　**福建通省賦役總册全書七十九卷** (清) □□輯　清乾隆刻本　三十四册　存六十三卷 (漳浦一、海澄一、福鼎一、福安一、寧德一、壽寧一、臺灣府總一、臺灣縣一、惠安一、同安一、延平府總一、南平一、順昌一、將樂一、漳州府總一、龍溪一、平和一、紹安一、龍巖州總一、龍巖州徵一、寧洋縣一、漳平一、永泰州總一、永泰州徵一、德化一、大田一、南安一、安溪一、南靖一、長泰一、興化府總一、莆田縣一、僊遊縣一、淡防廳一、澎湖廳一、馬巷廳一、雲霄廳一、南澳廳一、鳳山縣一、嘉義縣一、彰化縣一、福寧府總一、霞浦縣一、建寧府總一、建陽縣一、沙縣一、尤溪縣一、永安縣一、崇安縣一、建安縣一、歐寧縣一、浦城縣一、松溪縣一、鄭和縣一、邵武府總一、邵武縣一、光澤縣一、建寧縣一、泰寧縣一、汀州府總一、長汀縣一、歸化縣一、上杭縣一)

350000-2053-0000054　史 11/11=2　史部 / 政書類 / 邦計之屬 / 户政　**欽定户部則例一百卷卷首一卷** (清) □□編　清同治十三年 (1874) 刻本　五十八册　存一百九十八卷 (首一卷、一至十九、二十一至二十九、三十一至七十三、七十五至一百)

350000-2053-0000055　史 11/11=3　史部 / 政書類 / 邦計之屬　**增修現行常例不分卷** (清) 户部編　清咸豐刻本　二册

350000-2053-0000056　史 11/11=4　史部 / 政書類 / 邦計之屬　**增修籌餉事例條款不分卷** (清) 户部撰　清刻本　四册

350000-2053-0000057　史 11/11=6　史部 / 政書類 / 邦計之屬　**籌餉事例條款不分卷** (清) 户部撰　清咸豐刻本　二册

350000-2053-0000058　史 11/25=1　史部 / 政書類 / 軍政之屬　**欽定中樞政考九十卷** (清) 明亮 (清) 納蘇泰等纂修　清道光五年 (1825) 刻本　五十七册　存五十四

卷（綠營一至三十四、三十六至四十、八旗一、十七、十九、二十一至三十二）

350000-2053-0000059　史 11/25=2　史部 / 政書類 / 軍政之屬　**督捕則例二卷**（清）徐本等纂（清）唐紹祖等修　清乾隆武英殿刻本　二冊

350000-2053-0000060　史 11/25=3　史部 / 政書類 / 軍政之屬 / 邊政　**海防事例不分卷**（清）戶部等撰　清光緒刻本　一冊

350000-2053-0000061　史 11/25=4　史部 / 政書類 / 軍政之屬　**欽定戶部軍需則例九卷續纂一卷兵部軍需則例五卷工部軍需則例一卷**（清）阿桂撰　清乾隆刻本　四冊

350000-2053-0000062　史 11/31=1　史部 / 政書类 / 律令之屬　**欽定兵部處分則例八旗三十七卷綠營三十九卷**（清）伯麟等修（清）慶源等纂　清道光刻本　三十一冊　存七十三卷（綠營一至三十九、八旗一至十一、十五至三十七）

350000-2053-0000063　史 11/31=2　史部 / 政書類 / 律令之屬　**治浙成規八卷**（清）□□輯　清道光刻本　八冊

350000-2053-0000064　史 11/31=3　史部 / 政書類 / 律令之屬 / 律例　**大清教育新法令十三類**（清）政學社編纂　清宣統二年（1910）商務印書館鉛印本　七冊　存六類（諭旨、第一類、第二類、第三類、第四類、第十二至十三類）

350000-2053-0000065　史 11/31=4　史部 / 政書類 / 律令之屬 / 法驗　**洗冤錄詳義四卷首一卷**（宋）宋慈撰（清）許槤編校　清光緒三年（1877）刻本　四冊　存四卷（一至四）

350000-2053-0000066　史 11/31=5　史部 / 政書類 / 律令之屬　**欽定兵部續纂處分則例四卷**（清）慶源等纂　清道光刻本　五冊

350000-2053-0000067　史 11/31=6　史部政書 / 律令之屬 / 律例　**大清光緒新法令不分卷**（清）商務印書館編譯所編　清宣統元年（1909）鉛印本　七冊　存七冊（一至六、十八）

350000-2053-0000068　史 11/31=7　史部 / 政書類 / 律令之屬　**重刊補註洗冤錄集證六卷**（宋）宋慈撰（清）王又槐增輯（清）李觀瀾補輯（清）阮其新補註輯　清光緒三年（1875）刻四色套印本　四冊　存五卷（二至六）

350000-2053-0000069　史 11/31=8　史部 / 政書類 / 律令之屬　**欽定吏部處分則例五十二卷**（清）吏部纂修　清刻本　二十冊　存四十一卷（三至十一、十四至三十五、四十至四十五、四十七至五十）

350000-2053-0000070　史 11/31=9　史部 / 政書類 / 律令之屬　**欽定工部則例九十八卷**（清）福長安等修　清嘉慶三年（1798）刻本　十五冊　存九十一卷（一至六十五、七十二至九十、九十二至九十八）

350000-2053-0000071　史 11/31=10　史部 / 政書類 / 律令之屬　**欽定吏部銓選漢官則例八卷**（清）吏部編　清刻本　七冊　存七卷（一至三、五至八）

350000-2053-0000072　史 11/31=11　史部 / 政書類 / 律令之屬　**欽定吏部稽勳司則例八卷**（清）吏部編　清咸豐刻本　四冊

350000-2053-0000073　史 11/31=12　史部 / 政書類 / 律令之屬　**欽定吏部則例□□卷**（清）吏部纂修　清末刻本　六冊　存六卷（一至六）

350000-2053-0000074　史 11/31=13　史部 / 政書類 / 律令之屬　**欽定吏部銓選滿洲官員品級考四卷**（清）吏部纂修　清光緒十二年（1886）刻本　三冊　存三卷（一至三）

350000-2053-0000075　史 11/31=14　史部 / 政書類 / 律令之屬　**欽定吏部銓選滿洲官員則例五卷**（清）吏部纂修　清光緒十二年（1886）刻本　二冊　存二卷（四至五）

350000-2053-0000076　史 13/2=1　史部 / 詔令奏議類 / 奏議之屬　**名賢手札八種不分卷**（清）郭子瀟輯　清光緒十九年（1893）上海寶文書局石印本　二冊　存三種不分卷（蕭毅伯李傅相手札、威毅伯曾宮保手札、宮保彭尚書手札）

350000-2053-0000077　史 15/1=1　史部 / 地理類 / 總志之屬　**歷代地理志韻編今釋二十卷**（清）李兆洛撰　清光緒石印本　四冊

350000-2053-0000078　史15/4=1　史部/地理類/方志之屬/通志　**[道光]重纂福建通志二百七十八卷**　（清）孫爾準等修　（清）陳壽祺纂　（清）陳祖洛續修　（清）魏敬中續纂　清同治七至十年（1868—1871）正誼書院刻本　三百一十四冊

350000-2053-0000079　史15/4=2　史部/地理類/方志之屬　**浙江全省輿圖並水陸道里記不分卷**　（清）宗源瀚等撰　清光緒二十年（1894）石印本　一冊

350000-2053-0000080　史15/4=3　史部/地理類/方志之屬　**[雍正]浙江通志二百八十卷首三卷**　（清）李衛等撰　清光緒二十五年（1899）刻本　一百一十一冊　存二百三十九卷（首三卷、一至八、十一至十六、三十九至一百四十五、一百四十九至二百一、二百一十至二百一十三、二百一十七至二百一十八、二百二十一至二百二十八、二百三十一至二百七十八）

350000-2053-0000081　史15/4=4　史部/地理類/方志之屬/通志　**[乾隆]盛京通志四十八卷首一卷**　（清）呂耀曾等修　（清）魏樞等纂修　（清）雷以誠續纂修　清乾隆元年（1736）刻本　二十冊　存四十八卷（首一卷、一至三十五、三十七至四十八）

350000-2053-0000082　史15/4=5　史部/地理類/方志之屬/通志　**[道光]重纂福建通志二百七十八卷雜錄軼事二卷續採列女志**　（清）陳壽祺編修　清同治七年（1868）刻本　五冊　存六卷（一至六）

350000-2053-0000083　史15/16=1　史部/地理類/山川之屬　**廣雁蕩山志二十八卷首一卷末一卷**　（清）曾唯纂　清刻本　七冊　存二十六卷（一至十六、二十一至二十五、二十六至二十八）

350000-2053-0000084　史15/23=1　史部/地理類/防務之屬　**鄭工新例銓補章程海防新例銓補章程增修現行常例一卷**　（清）戶部編　清光緒十三年（1887）刻本　一冊

350000-2053-0000085　史15/28=1　史部/地理類/輿圖之屬/全國　**大清帝國全圖不分卷**　（清）上海商務印書館編繪　清光緒三十四年（1908）五色彩印本　一冊

350000-2053-0000086　史16/1=1　史部/金石類/總志之屬　**金石索十二卷首一卷**　（清）馮雲鵬　（清）馮雲鵷輯　清道光元年（1821）紫琅馮氏遂古齋刻本　十二冊

350000-2053-0000087　史18/16=1　經部/小學類/訓詁之屬　**經籍纂詁一百六卷首一卷**　（清）阮元撰　清光緒六年（1880）淮南書局刻本　一冊　存一卷（五十七）

350000-2053-0000088　子1/10=1　子部/雜家類　**讀書雜志十種**　（清）王念孫撰　清同治九年（1870）金陵書局刻本　二十二冊　存九種七十五卷（逸周書雜志四卷、戰國策雜志一至三卷、漢書雜志十六卷、管子雜志十二卷、晏子春秋雜志二卷、墨子雜志一至三、六至七卷、荀子雜志八卷補遺一卷、淮南內篇雜志廿二卷補遺一卷、漢隸拾遺一卷、讀書雜志餘編上、下）

350000-2053-0000089　子2/2=1　子部/儒家類/儒學之屬/禮教/鑑戒　**聖諭廣訓直解一卷**　（清）聖祖玄燁撰　（清）世宗胤禛廣訓　（清）□□直解　清道光三十年（1850）刻本　二冊

350000-2053-0000090　子2/2=1　子部/儒家類/儒學之屬　**繹志十九卷附札記一卷**　（清）胡承諾撰　清光緒十七年（1891）三餘草堂刻本　七冊　存十六卷（四至十九）

350000-2053-0000091　子2/2=2　子部/儒家類/儒學之屬/經濟　**大學衍義四十三卷**　（宋）真德秀撰　清同治浦城真氏西山祠堂刻本　十二冊　存三十八卷（一至三十三、三十九至四十三）

350000-2053-0000092　子2/2=3　子部/儒家類/儒學之屬/禮教　**訓俗遺規四卷補編二卷**　（清）陳宏謀撰　清宣統三年（1911）商務印書館鉛印本　一冊

350000-2053-0000093　子2/2=4　子部/儒家類/儒學之屬　**學仕遺規四卷補編四卷**　（清）陳宏謀編　清宣統二年（1910）學部圖書局石印本　七冊　存七卷（學士遺規二至四、補編一至四）

350000-2053-0000094　子5=1　子部/叢編　**二十五子全書**　（清）□□編　清宣統三年（1911）上海育文書局石印本　六冊　存八種九十卷（荀子十七至二十一、列子一至四、淮南子十九至二十一、補注黃帝內經素問一至十八黃帝內經靈樞四至十二文中子中說一至十、墨子四至十五、竹書紀年統箋前篇雜述一至九、新書一至十）

350000-2053-0000095　子 6/1=1　子部 / 兵家類 / 兵法之屬　**虎鈐經二十卷**（宋）許洞撰　清刻本　四冊

350000-2053-0000096　子 10=1　子部 / 杂家類　**墨子十六卷篇目考一卷**（戰國）墨翟撰（清）畢沅校注　清光緒二年（1876）浙江書局刻本　四冊　存十六卷（一至十六）

350000-2053-0000097　子 11/1=1　子部 / 雜著類 / 雜考之屬　**校訂困學紀聞集證二十卷**（宋）王應麟撰（清）王又槐增輯（清）閻睿邱等輯注（清）屠繼序校（清）萬希槐集　清嘉慶十八年（1813）刻本　九冊　存十六卷（一、六至二十）

350000-2053-0000098　子 11/2=1　子部 / 雜著類 / 雜說之屬　**日知録集釋三十二卷刊誤二卷續刊誤二卷**（清）顧炎武撰（清）黄汝成集釋　清同治十一年（1872）刻本　十六冊

350000-2053-0000099　子 11/4=1　子部 / 雜著類 / 雜纂之屬　**繪圖情史二十四卷**（明）詹詹外史（馮夢龍）撰　清宣統元年（1909）北京自强書局石印本　四冊　存十五卷（一至八、十八至二十四）

350000-2053-0000100　子 12/2=1　子部 / 天文曆算類 / 天文之屬　**中星表一卷**（清）徐朝俊撰　清嘉慶南匯吳省蘭聽彝堂刻本　一冊

350000-2053-0000101　子 12/2=2　子部 / 小說家類 / 異聞之屬　**閩都別記二十卷四百回**（清）何求纂　清宣統三年（1911）藕根齋石印本　二十冊

350000-2053-0000102　子 14/3=1　子部 / 天文曆算類 / 算書之屬　**翠微山房數學十五種**（清）張作楠撰　清光緒刻本　十六冊　存十二種三十三卷（量倉通法五卷、倉田通法續編三卷、方田通法補例六卷、弧三角舉隅一卷、交食細草三卷、揣籥小録一卷、揣籥續録三卷、八綫對數類編二卷、八綫類編三卷、金華晷漏中星表二卷、弧角設如卷三卷、高弧細草一卷）

350000-2053-0000103　子 14/3=2　子部 / 天文曆算類 / 算書之屬　**梅氏叢書輯要二十三種附録二種**（清）梅文鼎撰（清）梅瑴成輯　清同治十三年（1874）刻本　十四冊　存十三種二十七卷（籌算二卷、度算釋例一、方程論一至三、環中黍尺一至三、曆學駢枝一至三、交食三至四、七政二卷、揆日紀要一卷、曆學答問一卷、雜著一卷、幾何補編四卷、

弧三角舉要一至三、恒星紀要一卷）

350000-2053-0000104　子 14/3=3　子部 / 天文曆算類 / 算書之屬　**御製數理精蘊二編四十五卷表八卷**（清）何國宗（清）梅瑴成彙編　清光緒八年（1882）江寧藩署刻本　三十九冊　存十三卷（上編一至五、表一至八）

350000-2053-0000105　子 14/3=4　子部 / 天文曆算類 / 算書之屬　**幾何原本十五卷**（意大利）利馬竇口譯（明）徐光啓筆受　清同治四年（1865）湘鄉曾國藩金陵刻本　八冊

350000-2053-0000106　子 15/2=1　子部 / 術數類 / 數學之屬　**形學備旨十卷開端一卷**（美國）狄考文選譯（清）鄒立文筆述　清光緒三十年（1904）上海美華書館鉛印本鉛印本　二冊

350000-2053-0000107　集 2/3=1　集部 / 別集類 / 宋別集　**朱子集一百四卷目録二卷**（宋）朱熹撰　清咸豐十年（1860）紫霞洲祠堂刻本　四十冊

350000-2053-0000108　集 2/6=1　集部 / 別集 / 明別集　**震川大全集三十卷別集十卷補集八卷餘集八卷**（明）歸有光撰　清宣統二年（1910）上海國學扶輪社石印本　六冊　存二十七卷（目録一、別集一至十、餘集一至八、補集一至八）

350000-2053-0000109　集 2/6=1　集部 / 別集類 / 明別集　**三泉先生文集□卷**（明）林騰蛟撰　清初刻本　一冊　存二卷（六、七）

350000-2053-0000110　集 2/6=2　集部 / 別集 / 明別集　**王臨川全集一百卷**（宋）王安石撰　清宣統三年（1911）掃葉山房石印本　八冊　存十五卷（八至九、十二至二十四）

350000-2053-0000111　集 2/6=3　集部 / 別集類 / 明別集　**范忠貞公全集四卷首一卷附録一卷**（清）范承謨撰（清）龍錫慶編　清光緒二十一年（1895）刻本　十五冊

350000-2053-0000112　集 2/6=4　集部 / 別集類 / 明別集　**范文忠公初集十二卷**（明）范景文撰（明）楊萃編（清）王孫錫輯　清光緒十三年（1887）范繩祖思仁堂補刻本　三冊　存十卷（三至十二）

350000-2053-0000113　集2/6=5　集部／別集類／明別集　**海忠介公集六卷**（明）海瑞撰　（清）吳繼姬等編　清刻本　三冊

350000-2053-0000114　集2/7=1　集部／別集類／清別集　**曾文正公全集十三種**（清）曾國藩撰　（清）李瀚章輯　清光緒二年（1876）傳忠書局刻本　十九冊　存四種二十六卷（曾文正公詩集一至三、曾文正公家書一至十、曾文正公文集一至三、求闕齋讀書録一至十）

350000-2053-0000115　集2/7=2　集部／別集類／清別集　**曾文正公家訓二卷**（清）曾國藩撰　清光緒五年（1879）傳忠書局刻本　二冊

350000-2053-0000116　集2/7=3　集部／別集類／清別集　**鹿洲全集八種**（清）藍鼎元撰　清刻本　八冊　存兩種十六卷（鹿洲公案二卷、鹿洲初集一、四至十六）

350000-2053-0000117　集2/7=4　集部／別集類／清別集　**止齋遺書十六卷**（清）黃俊苑撰　清光緒元年（1875）福州刻六年（1880）補刻本　八冊

350000-2053-0000118　集2/7=5　集部／別集類／清別集　**陳檢討四六二十卷**（清）陳維崧撰　（清）程師恭注　清乾隆三十五年（1770）刻本　四冊　存十四卷（四至十四、十八至二十）

350000-2053-0000119　集3/1=1　集部／總類集／彙編之所　**涵芬樓古今文鈔一百卷**（清）吳曾期纂　清宣統二年（1910）商務印書館鉛印本　二冊　存二卷（二、六）

350000-2053-0000120　集3/1=2　集部／總類集／彙編之所　**御選唐宋文醇五十八卷**（清）高宗弘曆選　（清）允禄校　清乾隆刻本　十五冊　存五十四卷（一至二十、二十五至五十八）

350000-2053-0000121　集3/6=1　集部／總集類／氏族之屬　**東嵐謝氏明詩略四卷**（清）謝世南輯　清光緒十九年（1893）長樂謝氏刻賭棋山莊全集本　二冊　存二卷（三至四）

350000-2053-0000122　集4/2=1　集部／詩文評類／詩評之屬　**讀杜心解六卷首二卷**（唐）杜甫撰　（清）浦起龍解　清雍正三年（1725）前磵浦氏寧我齋刻本　六冊　存三卷（一、三、四）

350000-2053-0000123　類叢1=1　類叢部／類書類　**五經類編二十八卷**（清）周世樟編　清刻本　四冊　存十五卷（一至三、四至八、十九至二十一、二十二至二十五）

350000-2053-0000124　類叢1/1=1　類叢部／類書類／通類之屬　**玉海二百卷辭學指南四卷附刻十三種**（宋）王應麟撰　元刊明修清康熙補刻本　九十冊　存二百一卷（三至十四、十七至七十八、八十一至一百五十一、一百五十四至一百七十七、一百八十一至一百九十、一百九十五至二百、詩考一卷、辭學指南四卷、小學紺珠十卷、姓氏急救篇卷下）

350000-2053-0000125　類叢1/2=1　類叢部／類書類／專類之屬　**欽定佩文韻府一百六卷韻府拾遺一百六卷**（清）張玉書等編　（清）張廷玉等拾遺　清光緒十三年（1887）同文書局影印本　四十二冊　存一百七十五卷（欽定佩文韻府四至七、十一至三十、三十五至三十七、四十九至五十一、五十五至六十三、七十四至八十二、八十五至一百、一百零二至一百零六）、韻府拾遺一百六卷）

350000-2053-0000126　類叢1/2=2　類叢部／類書類／通類之屬　**古今圖書集成一萬卷目録四十卷**（清）陳夢雷　（清）蔣廷錫等編　清光緒二十年（1904）鉛印本　六冊　存三十四卷（四十四至四十九、一百三至一百九、一百五十一至一百五十二、一百八十二至一百八十六、三百五十六至三百六十二、一千二百七十三至一千二百七十九）

350000-2053-0000127　類叢2/1＝1　類叢部／叢書類／彙編之屬　**武英殿聚珍版書一百四十八種**（清）高宗弘曆敕修　（清）金簡輯　清乾隆四十二年（1777）福建刻道光同治遞修光緒二十一年（1895）增補本　七十四冊　存二十五種二百五十三卷（兩漢刊誤補遺一至五、大戴禮記一至十三、拙軒集一至六、融堂書解一至二十、直齋書録解題一至二十二、水經注首一卷、一至四十、文苑英華辨證一至十、儀禮釋宮不分卷、海島算經不分卷、五曹算經一至五、涑水紀聞一至十六、宋朝事實一至八、蒙齋集一至二十、敬齋古今注一至八、嶺表録異上、中、下、明本釋上、中、下、雲谷雜記一至二、甕牖閒評一至四、麟臺故事首一卷、一至四、續呂氏家塾讀詩記一至三、文恭集一至十一、十六至二十、三十六至四十、五代史纂誤上、中、下、金淵集一至六、郭氏傳家易說二、四、六至十、縈齋集一至二十）

350000-2053-0000128　類叢2/3=1　類叢部／叢書類／郡邑之屬　**金華叢書六十二種**（清）胡鳳丹輯　清同治至光緒永康胡氏退補齋刻本　二十三冊　存六種九十六卷（蜀碑記十卷首一卷附辨偽考異五卷、駱丞集附辨偽考異首一卷、

一至五、辨偽上、下、帝王經世圖譜一至十二、唐鑑二十四卷附辨偽考異一卷、西漢年紀一至三十、書疑五至九）

350000-2053-0000129　類叢 2/5=1　類叢部 / 叢書類 / 自著之屬　**竹柏山房十五種附刻四種**　（清）林春溥撰　清嘉慶咸豐間閩縣林氏刻本　十八冊　存十二種五十八卷（四書拾遺不分卷、孔門師弟年表一卷後説一卷孟子時事年表一卷、春秋經傳比事一至二十二、古史考年異同表總二卷後説一卷、古史紀年三至六、古書拾遺一至四、戰國紀年一至四、開卷偶得一至九、竹書紀年補證四卷本末一卷後案一卷、孟子列傳纂一卷、孔子世家補訂一卷、孟子外書補證一卷）

350000-2053-0000130　類叢 2/5=2　類叢部 / 類書類 / 自著之所　**孫文恭公遺書七種**　（明）孫應鰲撰　清宣統二年（1910）國學扶輪社鉛印本　八冊　存七種二十三卷（淮海易譚四卷、四書近語六卷、教秦緒言一卷、幽心瑤草一卷、學孔精舍詩鈔六卷、補輯雜文一卷附錄一卷、孫山甫督學文集四卷）

350000-2053-0000131　類叢 2/5= 3　類叢部 / 叢書類 / 自著之屬　**郭氏叢刻十三種**　（清）郭柏蒼輯　清光緒十二年（1886）刻本　九冊　存四種十五卷（海錯百一錄一至五、閩產錄異一至二、五至六、三峰草廬詩上、下、竹間十日話一至六）

350000-2053-0000132　新學 1/2=1　新學 / 史志 / 別國史　**大美國史略八卷**　（美）蔚利高著並譯　清光緒二十五年（1899）福州美華書局石印本　二冊

350000-2053-0000133　新學 3=1　新學 / 學校　**教育叢書三集二十七種**　（清）教育世界社譯　清光緒教育世界社鉛印本　九冊　存十種（學校管理法、算術、法國鄉學教程、十九世紀教育史、學校衛生學、教授學、教育學、日本教育家福澤諭吉傳、日本文部省沿革略、國民教育資料）

350000-2053-0000134　新 9=1　新學 / 商務　**原富八卷**　（英國）斯密亞丹撰　嚴復譯　清光緒二十八年（1902）南洋公學譯書院鉛印本　七冊　存七卷（甲上、下、乙一、丙一、丁上、戊上、下）

350000-2053-0000135　新 11=1　新學 / 格致總　**普通百科新大詞典不分卷**　（清）昭文　（清）黃摩西編　清宣統三年（1911）上海作新社鉛印本　十一冊　存十一集（申集、辰集、巳集、午集、卯集、寅集、丑集、戌集、亥集、補集）

350000-2053-0000136　史 4/2=4　史部 / 紀事本末 / 斷代之屬　**宋史紀事本末一百九卷**　（明）馮琦撰　（明）陳邦瞻增訂　（明）張溥論正　**元史紀事本末二十七卷**　（明）陳邦瞻撰　（明）臧懋循補　（明）張溥論正　清刻本　十三冊　存九十四卷（宋史紀事本末二十三至三十、三十八至四十五、四十六至七十九、八十六至一百九、元史紀事本末二十七卷）

350000-2053-0000137　經 1=6　經部 / 叢編　**重刊宋本十三經注疏附校勘記**　（清）阮元撰　（清）盧宣旬摘錄　清光緒十三年（1887）上海脈望仙館石印本　四冊　存三種六十三卷（附釋音春秋左傳注疏四十八至五十二春秋左傳校勘記一至三、九至三十二、附釋音禮記注疏四十四至五十八、附釋音周禮注疏二十三至三十八）

後　記

　　三明學院圖書館於2014年11月啓動"致用書院—福州東文學堂—全閩師範學堂—福建省立師範學校—福建省立永安師範學校"等百年辦學史上遺存下來的這批珍貴古籍的普查與搶救保護工作以來，得到了國家古籍保護中心、中共福建省委宣傳部、福建省文化廳、中共三明市委宣傳部、福建省圖書館、福建省古籍保護中心、福建師範大學圖書館、國家圖書館出版社等單位的各級領導和三明學院領導的高度重視與厚愛，並給予大力支持與幫助。

　　《三明學院圖書館古籍普查登記圖目》（以下簡稱《圖目》）的選題策劃、編輯出版和申報"中華古籍保護計劃成果"得到了多位專家精心指導與幫助。國家圖書館副館長、國家古籍保護中心副主任張志清，國家圖書館出版社副社長殷夢霞等給予本《圖目》特別支持；福建師範大學圖書館館長、博士生導師方寶川教授和福建古籍保護中心許建平主任帶領的團隊親臨我館，對本《圖目》中古籍版本鑒定與普查數據審校等工作進行精心的指導與幫助。方寶川教授還應邀特爲《圖目》作序。

　　《圖目》凝聚了三明學院圖書館全體職工精誠團結的精神與辛勤的汗水。以張根華同志爲首，胡彩雲、余芹、曾祥明、鄭鴻基、張維靜等同志參與的特藏研發團隊爲普查數據的整理與校對、古籍版本鑒定、書影採集與《圖目》編撰相關工作，蔡和全、林郁等同志爲館藏古籍普查與《圖目》策劃、編校，都付出了大量的辛苦勞動。

　　在此，對以上領導、專家和三明學院圖書館同仁特別致謝！

面向未來，守護典籍，這是時代賦予我們的崇高使命。三明學院圖書館將以本《圖目》的出版爲起點，積極爭取上級有關支持，對百年辦學遺存的古籍與民國文獻進行進一步的修復和保護。在保護傳承的基礎上，最大程度地挖掘文獻的社會價值和史料研究價值，揭示百年館藏文獻源流的特色，使其成爲三明學院的一張名片，以其獨特的文化品位彰顯於世，影響未來。

三明學院圖書館館長　馬騰

2016年11月18日